Klimaneutral
Verlag
ClimatePartner.com/53585-1805-1001

Bibliografische Information der Deutschen Nationalbibliothek:
Die Deutsche Nationalbibliothek verzeichnet diese Publikation
in der Deutschen Nationalbibliografie; detaillierte bibliografische
Daten sind im Internet über www.dnb.de abrufbar.

© 2021 oekom verlag, München
Gesellschaft für ökologische Kommunikation mbH
Waltherstraße 29, 80337 München

Layout und Satz: Reihs Satzstudio, Lohmar
Lektorat: Konstantin Götschel, München
Korrektorat: Silvia Stammen, München
Transkription: Christine Apel, Berlin
Umschlaggestaltung: Büro Jorge Schmidt, München
Umschlagabbildung: Christian Thiel, Berlin
Druck: GGP Media GmbH, Pößneck

Alle Rechte vorbehalten
Printed in Germany
ISBN 978-3-96238-252-0

MIX
Papier aus verantwor-
tungsvollen Quellen
FSC® C014496
FSC
www.fsc.org

Günther Beckstein
Renate Künast

SCHWARZ
vs.
GRÜN

Ein Streitgespräch über Klima,
Wachstum und eine gute Zukunft

moderiert von
Stefan Reinecke

Inhalt

Vorwort

An einem Sonntagabend im November 2017 trat FDP-Chef Christian Lindner vor die Kamera und sagte: »Es ist besser, nicht zu regieren, als falsch zu regieren.« Das war das Ende der Verhandlungen über die erste »Jamaika«-Koalition im Bund.

Hätte Lindner damals anders entschieden, hätten Union, FDP und Grüne eine Regierung gebildet, dann würde es dieses Buch wohl nicht geben. Denn dieses Gespräch zwischen der Grünen Renate Künast und dem CSU-Mann Günther Beckstein umkreist die Frage, ob nun Wirklichkeit wird, was damals scheiterte: eine Bundesregierung von Union und Grünen. Wird das eine stabile, innovative Koalition, die Ökologie und Ökonomie zu verbinden versteht? Oder sind die programmatischen Gräben doch tiefer, als es scheint?

Beide Parteien können auf solide Erfahrungen mit der Zusammenarbeit in verschiedenen Bundesländern zurückblicken. In unterschiedlichen Konstellationen koalieren sie zum Beispiel in Hessen, Baden-Württemberg, Sachsen oder Schleswig-Holstein. Das Regieren in den Ländern gilt zu Recht als Probelauf für den Bund. Wenn das gemeinsame Regieren dort gelingt, ist das noch kein Beweis, dass es auch im Bund funktioniert. Aber es ist ein Zeichen, dass es gelingen kann.

Renate Künast und Günther Beckstein haben sich zwischen September und Dezember 2020 vier Mal zum Gespräch getroffen. Drei Mal vis-à-vis im Bundestag, ein Mal per Zoom. Die Einschränkungen durch die Coronapandemie waren immer präsent. Die Gespräche dauerten meist mehrere Stunden. Es gab Wasser, Kaffee, mal ein Brot. Eine Klausur, keine Ablenkungen. Die Gespräche waren konzentriert, intensiv, mal kreisende, mal direkte Versuche auszuloten, wie tief die Differenzen, wie tragfähig Gemeinsamkeiten sind. Grüne und Union haben sich lange als Gegner verstanden. »Beckstein würde auch Jesus ausweisen«, haben die Nürnberger Grünen mal plakatiert. Aber das war im letzten Jahrhundert.

An die Stelle der schroffen Konfrontation ist der Dissens in Sachfragen gerückt. Früher war strittig, ob Deutschland ein Einwanderungsland ist oder sein soll, heute streiten Grüne und Union, wie viel Migration das Land braucht und verträgt. Früher war strittig, ob das fossile Zeitalter zu Ende gehen muss, heute streiten Grüne und Union darum, wie schnell die Republik klimaneutral werden muss. Klimawandel, Artenschutz und Landwirtschaft werden für eine schwarz-grüne Bundesregierung zentrale Themen sein. Nicht zufällig handeln die ersten Kapitel dieses Buches von diesen drei Themen.

In den vier Monaten, in denen die Gespräche stattfanden, ist viel passiert. Es gab islamistische Anschläge in Wien und Dresden. In Sachsen-Anhalt drohte eine ähnlich spektakuläre Annäherung zwischen AfD und CDU, wie es sie Anfang 2020 in Thüringen gegeben hatte. Die Perspektive auf Corona wechselte – von der vagen Hoffnung im Spätsommer, dass das Schlimmste überstanden sein könnte, zu der Gewissheit des Winters, dass dies eine Illusion war. Die Gespräche streifen das nur am Rande. Es geht nicht um Tagespolitik, sondern um die langen Linien des Klimaschutzes, der Innenpolitik, des Kampfes gegen die militante rechte Bedrohung und darum, was nach Corona kommen soll. Und vieles mehr.

Renate Künast und Günther Beckstein repräsentieren die Entwicklungen ihrer Parteien. Die Union ist in der langen Merkel-Ära liberaler und offener geworden. Das grüne, früher alternative Milieu hat sich schon lange in die Mitte der Gesellschaft bewegt.

Aber dieses Buch ist nicht nur eine Debatte zwischen einem Vertreter der Union und einer Vertreterin der Grünen. Es ist ein Gespräch zwischen zwei PolitikerInnen mit individuellen Prägungen und Leidenschaften, Brüchen und Biografien.

Günther Beckstein, Protestant aus Franken, galt als CSU-Innenminister als Law-and-Order-Mann. Aber einer, der offen für Debatten mit seinen Gegnern ist. »Dass man in der Sache engagiert streiten kann und danach sagt: ›Aber du bist für mich ein interessanter Mensch‹, das ist ein demokratisches Ideal«, sagt er in diesem Buch.

Renate Künast war Fraktionschefin der Alternativen Liste zu Zeiten des rot-grünen Senates in Berlin, eine Vertreterin der Regierungslinken bei den Grünen und bis 2005 Ministerin für Landwirtschaft und Verbraucherschutz. »Herr Beckstein, Sie haben mir das Kompliment gemacht, mit Ernst über die wichtigen Fragen zu diskutieren«, sagt sie in diesem Buch. Gefolgt von einem »Aber«.

So zeigt dieses Gespräch Annäherung, wo früher Unversöhnlichkeit herrschte. Das gilt vor allem für die Themen

Migration, Flucht und Islam. Dort gibt es natürlich noch Unterschiede, aber die gelegentlich aufscheinende Einvernehmlichkeit hat mich überrascht – genauso wie der heftige Streit, der bei Themen ausbrach, bei denen es kaum zu erwarten war.

Stefan Reinecke, Januar 2021

»Dann sind wir
dem Untergang geweiht.«

KAPITEL 1
Klimawandel und Verkehr

Frau Künast, Herr Beckstein, wir treffen uns hier im Bundestag. Wie sind Sie hierhergekommen? Mit dem Fahrrad, dem Auto, dem Flugzeug?

RENATE KÜNAST: Mit dem Fahrdienst des Bundestages. Ich nutze den regelmäßig.

GÜNTHER BECKSTEIN: Ich wohne in Nürnberg. Ich bin von zu Hause mit dem Bus zur U-Bahn gefahren, mit der U-Bahn zum Bahnhof, mit dem ICE nach Berlin und vom Bahnhof hierhergelaufen. Vorbildlich, nicht?

Eins zu null für die ergrünte CSU?

KÜNAST: Das fängt ja schon mal gut an. Ich zweifle, ob das typisch für die CSU ist.

Haben Sie ein Auto?

KÜNAST: Nein, in Berlin braucht man eigentlich kein Auto. Ich bin begeisterte Zugfahrerin. Fliegen geht gar nicht.

BECKSTEIN: Meine Frau und ich haben ein Auto.

Also haben Sie zwei.

BECKSTEIN: Ja. Wir brauchen sie. Ich bin noch immer viel beruflich unterwegs. Und meine Frau will auch weiterhin selbst mobil sein. Mit einem eigenen Pkw.

KÜNAST: In Berlin höre ich oft von Autobesitzern, dass sie den ÖPNV oder Carsharing gut und preiswerter finden, allerdings erst bei der nächsten größeren Reparatur ihr Auto verkaufen wollen. Ich finde: Auto ja, aber es muss einem nicht gehören. Das ist mit Parkplatzsuchen, TÜV und Reparatur teuer und zeitaufwendig. Es gibt Wohngebiete mit Ladestationen und Elektrosharing-Autos, die man vorab buchen kann. Das ist die Zukunft, wenn auch derzeit erst für Teile der Städte.

BECKSTEIN: Carsharing oder Leasing scheiden für mich aus, weil ich nicht sehr sorgfältig mit meinem Auto umgehe. Kleinere Dellen immer reparieren zu lassen, geht schnell ins Geld. Deswegen ist mir das eigene Auto lieb. Übrigens ein Diesel …

KÜNAST: … jetzt steht es eins zu eins …

BECKSTEIN: … der nur 4,7 Liter verbraucht.

Können Sie sich ein Leben ohne Auto vorstellen?

BECKSTEIN: Ich sage ganz offen: nein.

Warum nicht?

BECKSTEIN: Mit öffentlichen Verkehrsmitteln dauert es in Nürnberg länger als in Berlin oder München. Und ich kenne viele Menschen, die auf dem Land wohnen – dort lässt sich der Alltag ohne Auto gar nicht bewältigen. Gerade für die Älteren ist das Auto oft gleichbedeutend mit sozialer Teilhabe. Man hat durch Corona doch deutlich gesehen, wie schnell sich solche Menschen abgehängt fühlen und vereinsamen.

KÜNAST: Da will ich gar nicht widersprechen. Aber auch wenn niemand das Auto abschaffen will, muss sich in Herstellung und Nutzung doch einiges ändern. Deshalb lautet die Frage: Wie wird das Auto produziert, und welche Schadstoffe stößt es aus? Vor allem aber: Wie kann es Teil eines anderen Mobilitätssystems werden, in dem verschiedene Mobilitätsangebote besser verknüpft und klimafreundliche besonders gefördert werden?
Auf dem Land brauchen wir zum Beispiel mehr Rufbusse. Diese neue Infrastruktur muss endlich auf den Weg gebracht werden. Noch länger abzuwarten, können wir uns nicht erlauben.

BECKSTEIN: Der öffentliche Personenverkehr muss sich deutlich verändern. Das Rufbussystem ist da nur eine Möglichkeit. Ich vertraue darauf, dass gerade durch die zunehmende Digitalisierung ganz neue Konzepte entwickelt und umgesetzt werden können.

Achten Sie auf Ihren ökologischen Fußabdruck? Wissen Sie, wie viel CO_2 Sie emittieren?

BECKSTEIN: Ich kann es nicht genau sagen, aber es ist sicher zu viel. Ich achte nicht immer darauf. Wenn es keine großen Umstände macht, wähle ich die umweltfreundlichere Variante. Das Rindersteak ist sehr viel umweltschädlicher als die Nürnberger Bratwurst, mein Lieblingsfleisch. Da passt es sowieso. Aber ein ethisches Schuldgefühl, weil mein ökologischer Fußabdruck höher ist als bei anderen Menschen, habe ich nicht. Zumal ich weiß, wie wenig ich ernsthaft beeinflussen kann. Wenn man beruflich viel reist, emittiert man zwangsläufig viel mehr CO_2.

KÜNAST: Ich achte darauf. Aber als Europäerin verursache ich im Alltag einen viel, viel höheren CO_2-Ausstoß als jemand, der in Indonesien, Indien oder Tansania lebt. Ich habe für dieses ethische Problem keine Lösung, aber so zu tun, als gäbe es diese moralische Frage nicht, führt auch nicht weiter. Es ist für mich Ansporn, zu überlegen, was ich anders machen kann. Als Landwirtschaftsministerin ist mir klar geworden, welche CO_2- oder Treibhausgasimplikationen welche Lebensmittel haben. Im Kern geht es also nicht so sehr darum, was die Kunden kaufen, sondern ganz grundsätzlich darum, wie wir unsere Lebensmittel produzieren.
Ich selbst ernähre mich im Wesentlichen mit Ökolebensmitteln und kaufe oft ökozertifizierte Kleidung. Ich bin im letzten Jahr innerhalb Deutschlands nicht geflogen und

nutze die Bahn. Mitunter sage ich auch Terminen nicht zu, wenn der zeitliche Aufwand zu groß wäre. Und wenn mich der Hafer sticht, kann es schon mal vorkommen, dass ich das Personal im Lebensmittelladen anspreche, in dem zwei Paprikaschoten und vier Tomaten in Plastik verpackt sind.

Was sagen Sie dann?

KÜNAST: Ich mache dem Personal keinen Vorwurf. Ich spreche es aber an. Und ich sage klipp und klar: »Wenn das so bleibt, kaufe ich woanders ein. Sagen Sie das Ihrem Chef oder Ihrer Chefin.«
Ich finde es erschreckend, wenn ich zu Hause in die Mülltonne schaue: Wie habe ich es geschafft, dass da so viel Verpackung drin ist, obwohl ich doch darauf geachtet habe? Es ist nicht akzeptabel, dass Ketten inzwischen groß mit der Vermeidung von Plastik werben, in der Auslage dann aber doch fast jedes Produkt eingeschweißt ist. Diese Plastikschwemme müssen wir dringendst in den Griff kriegen – und zwar weltweit. Wir dürfen nicht auf die Lobbyisten des Öl- und Gassektors reinfallen.

BECKSTEIN: Man muss aber doch berücksichtigen, dass die Hygieneanforderungen bei offenen Lebensmitteln sehr hoch sind. Das hat gute Gründe, weil es vielen Leuten an grundlegendem Anstand fehlt.
Umweltschonend zu leben ist auch für einen CSU-Mann meiner Generation selbstverständlich. Die Schöpfung zu bewahren, ist ein erzkonservatives Anliegen! Die Grünen tun das eher ideologisch.

Klimawandel und Verkehr

KÜNAST: Wenn Sie mir Ideologie unterstellen, werden wir wohl nicht gut miteinander klarkommen.

BECKSTEIN: Ich habe es vorsichtig formuliert: eher ideologisch. Ich erinnere an den Veggie-Day.

> Zu der Frage, ob und wo Verbote sinnvoll sind, kommen wir später. Wann ist Ihnen persönlich klar geworden, dass Klimaschutz eine zentrale Frage ist? Gab es ein Schlüsselerlebnis?

BECKSTEIN: Das ist mir um die Jahrtausendwende klar geworden. Ich war Innenminister in Bayern. Mein Kollege, der Umweltminister, hat von internationalen Konferenzen berichtet und von der intensiven Arbeit, Klimaziele vertraglich zu vereinbaren. Die Verhandlungen zur Umsetzung des Kyoto-Protokolls habe ich durchaus aufmerksam verfolgt, auch wenn ich fachlich nicht zuständig war. Heute sehe ich das Thema »Klima« natürlich als dringlicher an als damals. Aber ich bin überzeugt: Den Akteuren der damaligen Koalition aus SPD und Grünen, einem ehemaligen Bundesumweltminister Trittin, geht es da nicht anders.

KÜNAST: Eine absurde These! Wer sich dafür interessieren wollte, hätte schon vor mehr als vierzig Jahren wissen können, was auf uns zukommt.
Für mich gab es zwei Phasen: Ich habe mich im Rahmen der Anti-AKW-Bewegung mit dem Club of Rome und den Grenzen des Wachstums beschäftigt. Man hat zwar damals schon im Bioladen eingekauft, versucht regionale Märkte zu organisieren, auf Schiene statt Auto zu setzen, wofür

wir ja massiv von der Union kritisiert wurden. Aber es war doch eher ein Kopfthema. Wie drängend und existenziell die ökologischen Probleme sind, die alle mit Klimaschutz zu tun haben, ist mir als Ministerin nach 2001 klar geworden. Es gab die Jahrhunderthochwasser, extreme Trockenheit und extremen Regen. Es war klar: Die Klimafrage ist keine theoretische mehr. Die Klimakrise ist auch in Europa Realität.

Angela Merkel ist als Klimakanzlerin angetreten. Wie bewerten Sie die Bilanz von 16 Jahren Merkel-Klimapolitik, wenn wir auf Mobilität und die Autoindustrie blicken?

KÜNAST: Sie hatte als Umweltministerin und Wissenschaftlerin das Thema zwar erkannt. Aber der nötige Umbau ist ausgeblieben. Das ist nicht nur ihre Schuld – die SPD hat häufig ebenfalls eine unrühmliche Rolle gespielt.

BECKSTEIN: Angela Merkel hat meines Erachtens so viel gemacht, wie man überhaupt auf den Weg bringen konnte. Sie hat eine Menge erreicht, zum Beispiel, dass Klimaschutz zu einem gemeinsamen europäischen Ziel geworden ist.

KÜNAST: Ein Kernbereich ist hier der Umstieg von Verbrennungsmotoren auf Elektrotechnologie. Da ist zu wenig passiert. Ich erinnere mich an 2007. Damals gab es einen Shitstorm, weil ich gesagt habe: Wenn die deutsche Autoindustrie zu blöd ist, moderne ökologische Autos zu bauen, muss man den Leuten sagen: Kauft einen Toyota Prius. Damals kämpften Angela Merkel als Kanzlerin und Sigmar Gabriel als Umweltminister in Brüssel für möglichst hohe Emis-

Klimawandel und Verkehr

sionswerte für die großen deutschen Autos. Ich erinnere mich an die Schwüre der Vorstände der Autokonzerne: »Frau Künast, in zehn Jahren baut die deutsche Autoindustrie ganz andere Wagen, kleiner und ökologischer.« Das wäre 2017 gewesen. 2017 hat Merkel genau das gleiche Stück in Brüssel wieder aufgeführt und die deutsche Autoindustrie vor schärferen Grenzwerten geschützt. Aber auch die SPD hat lange so getan, als könnte man trotz des Klimawandels alte Arbeitsplätze mit Verbrennungsmotoren und ihrer Fertigung erhalten. Ein Elektroauto braucht keinen aufwendigen Motor. Viele, die in der Autobranche arbeiten, werden sich für andere Branchen qualifizieren, zum Beispiel die der erneuerbaren Energien. Das ist schon lange klar. Dafür hätten wir Geld ausgeben und die Industrie mit einem Ordnungsrahmen dazu bringen müssen, in Deutschland andere Autos herzustellen und Teil der Mobilitätswende zu werden.

Der Verkehr macht in Deutschland ein Fünftel der CO_2-Emission aus. Hat die Union strukturkonservativ zu lange auf alte, umweltschädliche Verbrennertechnologien gesetzt?

BECKSTEIN: Es ist ein riesiges Problem, dass die deutsche Automobilindustrie überwiegend von solchen Autos lebt, die wir politisch bekämpfen. BMW lebt nicht vom Einser-BMW. Und schon der ist im Vergleich zu französischen oder italienischen Autos groß. Mercedes und BMW leben von SUVs, die immer stärker, immer größer, immer teurer werden. Ich bin felsenfest davon überzeugt, dass das eine Fehlentwicklung ist. Ich glaube aber nicht, dass es die Aufgabe der Politik ist, technologische Entscheidungen zu treffen. Die Frage, ob sich in 30 oder 40 Jahren das Elektroauto oder das Wasserstoffauto durchgesetzt haben werden oder ob nicht biologischer Treibstoff, Biogas und Biodiesel vernünftige Lösungen sind, kann die Politik nicht entscheiden. Die Frage, ob das Elektroauto in 20 Jahren das global dominierende Auto ist, halte ich für offen – und wir leben in Deutschland auch davon, dass wir mehr als zwei Drittel der Fahrzeuge exportieren. Ist es sicher, dass es in 20 Jahren überall auf der Welt Elektrotankstellen gibt? Oder setzt sich doch Wasserstofftechnik durch? Ich habe dienstlich eines der ersten Wasserstoffautos, einen BMW Hydrogen, gefahren. Dann ist irgendwo ein Wasserstoffauto explodiert und die Forschung wurde beendet.

Soll der Staat überhaupt keine bestimmten Technologien fördern, sondern dies dem Markt überlassen?

BECKSTEIN: Es wäre klug, wenn der Staat Emissionsfreiheit als Ziel vorgeben würde, aber Wasserstofftechnologie und grüne Treibstoffe mehr im Blick hätte. Elektromobilität ist bei Lastwagen im Moment keine ernsthafte Alternative. Ich würde mir derzeit kein Elektroauto kaufen.

KÜNAST: Die Frage, was der Staat darf und was nicht, ist an dieser Stelle gar nicht zentral. Die Frage ist: Was ist das Ziel? Staat, Regierung, Bundestag, Landtage, Landesregierungen und Kommunen haben die Aufgabe, von uns unterzeichnete internationale Verträge zu erfüllen und deshalb Treibhausgase massiv zu reduzieren. Der schienengebundene Verkehr und der öffentliche Nahverkehr müssen günstiger und der Autoverkehr muss emissionsärmer werden. Das macht der Markt nicht von allein. Bei Wasserstofftechnologie müssen wir davon ausgehen, dass die noch Zeit braucht, ehe sie wirklich in der Breite eingesetzt werden kann. Wir müssen also Geld in Forschung investieren. Nur auf den Markt zu hoffen, ist falsch. Denn fast alle versuchen in der Produktion die billigste Variante zu nutzen und möglichst sämtliche Umwelt- und Klima- sowie Biodiversitäts- und Sozialfolgekosten zu externalisieren. Der Staat hat die Aufgabe, Ziele des Gemeinwohls durchzusetzen – vom Kinderschutz über körperliche Unversehrtheit bis hin zum Klimaschutz.

BECKSTEIN: Man darf nicht vergessen, dass die deutsche Autoindustrie in harter internationaler Konkurrenz steht. Natürlich stehen Arbeitsplätze und Existenzen nicht über allem. Aber keine Regierung kann es sich leisten, sie zu ignorieren. Verstehen Sie mich nicht falsch: Die Transformation der deutschen Autoindustrie ist wichtig und richtig. Aber sie findet nicht in einem bedingungsfreien Raum statt. Winfried Kretschmann in Baden-Württemberg beweist das doch seit vielen Jahren: Er muss als Ministerpräsident Kompromisse schließen, die er als Oppositionsführer vielleicht kritisch gesehen hätte. Die totale Freiheit der politischen Forderung gibt's nur in der Opposition.

KÜNAST: Das ist jetzt aber ein sehr simples Oppositionsbashing. Wir denken ja gerade die neuen Jobs mit. Im Bereich der erneuerbaren Energien sind mehr und sehr gute Arbeitsplätze entstanden als bei den fossilen. Wir alle stehen in Verantwortung. Und die bedeutet nicht, das Alte zu bewahren, wenn es falsch ist, sondern Arbeitsplätze für morgen zu schaffen. Ich verstehe gar nicht, warum wir da Differenzen haben. Selbst die deutsche Automobilindustrie und der Verband der Automobilindustrie VDA, die massiv gegen den Strukturwandel in der Branche gekämpft haben, merken ja jetzt endlich, wo die Reise hingeht – weg vom Verbrenner, hin zum Elektroauto. Mercedes baut in Berlin-Marienfelde Tausende Arbeitsplätze ab, während Tesla in Grünheide Tausende Mitarbeitende sucht. Der Renault Zoe, der in Bayern zuhauf gefahren wird, ist auch kein deutsches Auto.

Da ist in Deutschland durch zu viel Beharrung etwas schiefgelaufen, obwohl wir das Wissen hatten. Auch deshalb brauchen wir einen neuen Ordnungsrahmen. Damit sich die vielen Männer in den Vorstandsetagen auf ihren Hosenboden setzen, an die Zukunft denken und nicht bloß kalkulieren, wie viel Geld man heute mit SUVs und Ledersitzen verdient. Die Forschungsabteilungen der Automobilhersteller waren stets weiter als die Vorstandsetagen, konnten sich aber nicht durchsetzen. Wir sind in vielen Technologiebereichen schon seit Langem nicht mehr vorne. Und nicht zuletzt gilt, dass auch die Automobilindustrie ihren Beitrag gegen die Klimakrise leisten muss.

Und das geht nur mit Elektromobilität?

BECKSTEIN: Ich habe mit wenig Begeisterung zur Kenntnis genommen, dass meine Partei ab 2035 Verbrenner verbieten will. Wir setzen jetzt auf diese Technik, ohne zu wissen, ob sie sich durchsetzen wird. Ausschlaggebend sind dafür politische Entscheidungen in Brüssel. Es ist legitim, ordnungspolitisch die Reduzierung von Emissionen vorzugeben, aber ich glaube nicht, dass Beamte in den Ministerien diejenigen sind, die Technikentscheidungen fällen sollten und können. Wer 2015 ein Elektroauto fuhr, beging übrigens eine schwere Umweltsünde. Der Strom kam aus Kohlekraftwerken …

KÜNAST: Aber das ist kein Argument mehr. Im Strommix spielen Erneuerbare eine immer größere Rolle. Ich habe das Gefühl: Sie sagen immer, warum etwas nicht geht. Sagen Sie doch einmal, was geht! Wie wollen Sie das Ziel, CO_2 zu reduzieren, denn erreichen?

BECKSTEIN: Wir müssen mehr in Forschungsförderung investieren …

KÜNAST: Ach!

BECKSTEIN: … und nicht so technikfeindlich sein und gegen jeden Funkmast protestieren.

KÜNAST: Ich bin gegen Funkmasten?

BECKSTEIN: Nicht Sie als Person, aber die Grünen waren gegen Funkmasten und überhaupt generell skeptisch gegenüber technischen Lösungen. Das müssen Sie einräumen. Die Transformation in eine andere Gesellschaft wird nicht mit Verzicht gelingen, sondern mit technologischen Lösungen.

KÜNAST: Was soll denn das jetzt wieder? Es geht nicht um Verzicht, sondern darum, mit Klugheit auf die Erkenntnisse der Wissenschaft zu reagieren. Dazu gehört für uns aber auch die Aufgabe, Risiken, Chancen und vielleicht irreparable Folgen zu bedenken. Übrigens wäre es ja schön gewesen, Sie hätten sich den Erneuerbaren, Effizienz und Einsparung bei der Energie früher gewidmet.

> Da kann es freilich auch Irrtümer geben. Vor 15 Jahren galten Biokraftstoffe als plausible Möglichkeit, die CO_2-Emissionen zu senken. Bauern sollten Energiewirte werden, die weniger Lebensmittel und mehr Biogas produzieren. Dafür wurden sie mit staatlichen Subventionen gefördert. Jetzt sieht man, dass dieser Weg zu ökologischen Schäden und noch mehr Monokulturen geführt hat. Hätte man ihn nie beschreiten sollen?

KÜNAST: Vermutlich nicht. Wir wissen, dass Maismonokulturen neue Probleme verursachen. Wir müssen infrage stellen, ob es richtig ist, Ackerfläche, die eigentlich zur Ernährung von Menschen da sein sollte, zur Energiegewinnung zu nutzen. Es war zumindest ein Fehler, nicht früher und stärker auf Klärschlamm und andere Stoffe zur Biogasproduktion zu setzen. Ackerland, das zur Maismonokultur mit wenig Fruchtwechsel wird, bringt der Umwelt so wenig wie dem Klima.

BECKSTEIN: Genau das verstehe ich unter ideologischem Denken: Es ist falsch, den Urwald abzuholzen, um Biokraftstoff zu gewinnen.

KÜNAST: Das müssen Sie aber mal intern klären. Die Beimischung von E10 war definitiv kein grüner Vorschlag. Das Geschäft den Erdölkonzernen zu überlassen war der Einstieg in den weiteren Raubbau. Das haben keine Grünen beschlossen.

> Sehen wir mögliche ökologische Schäden, die die Elektromobilität mit sich bringt, heute scharf genug? Oder werden wir in 15 Jahren analog zu den Biokraftstoffen Irrwege bereuen?

BECKSTEIN: Ich teile diese Skepsis. Wie werden die Materialien für die Batterien gewonnen und wie werden die Batterien entsorgt? Beides ist aus meiner Sicht zu wenig transparent und muss in die Kalkulation mit einbezogen werden. Die Batterieherstellung erfolgt im Wesentlichen in Asien und nicht bei uns. Sie muss aber in die Umweltbilanz ebenso eingehen wie die Abfälle, die von den Batterien bleiben. Von den Arbeitsbedingungen bei der Rohstoffgewinnung ganz zu schweigen. Diese Arbeitsbedingungen sind bisweilen furchtbar, sie können uns nicht egal sein. Wir können im 21. Jahrhundert Verantwortung nicht mehr nur national denken, da gebe ich meinem Parteifreund Gerd Müller uneingeschränkt Recht. Und, ganz praktisch: Ich bezweifle auch, dass schnell genug ausreichend Elektrotankstellen entstehen werden.

KÜNAST: Sie sagen immer nur, was gegen Elektrotechnologie spricht. Es gibt Studien, die die CO_2-Bilanz von Elektroautos und Verbrennern vergleichen. Da schneidet die Elektromobilität deutlich besser ab. Ich sage nicht, dass Elektromobilität unproblematisch ist – aber die Aussagen der Fachleute sind eindeutig.

BECKSTEIN: Ich bin nicht bereit, etwas zu akzeptieren, nur weil »Fachleute« angeführt werden. Das ist kein ordentliches Argument. Man kann nicht sagen »die Wissenschaft«. Das ist unwissenschaftlich. Es sind nicht alle Fachleute dieser Ansicht, sondern eine große Mehrheit ist dieser Ansicht.

KÜNAST: Gut, einigen wir uns auf die große Mehrheit der Fachleute. Zu der Frage der Rohstoffgewinnung für Batterien: Wir brauchen Transparenz sowohl bei den Arbeitsbedingungen als auch bei den Umweltschäden. Da weist das Lieferkettengesetz in die richtige Richtung: Menschenrechte müssen nicht nur in Vereinbarungen stehen, wir müssen dafür Sorge tragen, dass sie auch tatsächlich respektiert werden. Ein Lieferkettengesetz muss Kinder- und Sklavenarbeit verhindern, Frauen schützen und ebenso gegen Umweltschäden wirken. Und Deutschland sollte da vorausgehen.

BECKSTEIN: Da sind wir einer Meinung. Das Lieferkettengesetz wäre ein echter Fortschritt. Ich wollte Sie gerade damit ärgern, dass dieses Gesetzesvorhaben von einem CSU-Politiker vorangetrieben wird. Aber dann ist mir eingefallen, dass der größte Widerstand dagegen aus der CDU kommt, deswegen lasse ich's bleiben. Darf ich in diesem Zusammenhang trotzdem kurz Werbung machen für ein fränkisches Unternehmen? Ich habe gelesen, dass Adidas für ein Lieferkettengesetz eintritt, gerne auch im europäischen Maßstab, damit der Wettbewerb fair bleibt. Das ist gar nicht mal so selten: Die Wirtschaft ist manchmal weiter als die Politik. Die Politik sollte hoch ambitionierte Ziele vorgeben, das ist ihr Job. Den Weg dorthin aber sehe ich in

Klimawandel und Verkehr

einer freien Gesellschaft selbst als frei an. Daher noch einmal zum Elektroauto: Ich glaube nicht, dass Ihre Behauptung, Frau Künast, tragfähig ist, dass alle nennenswerten Fachleute sagen, dass das Elektroauto in 30 Jahren die Technik der Wahl ist.

KÜNAST: … das habe ich so nicht gesagt …

BECKSTEIN: China setzt in den Megacitys auf Elektromobilität und für große Entfernungen auf andere Technologien. Ich warne vor Illusionen. In unseren Exportmärkten in Afrika und anderswo wird es in absehbarer Zeit keine große Nachfrage nach Elektroautos geben. Es ist für uns, für unsere Wirtschaft und für unseren Wohlstand wichtig, das zu erkennen. In meiner Zeit flossen etwa 30 Prozent der Steuern in Bayern in Zusammenhang mit Automobilen und Zulieferern. Wir müssen unsere Interessen schützen, ohne dass wir gleich »Germany first« rufen.

KÜNAST: Auch Afrika und andere Länder, in die Deutschland Autos exportiert, werden sich verändern. Da wird die Mittelklasse auch irgendwann Tesla kaufen wollen. Wir können – Stichwort Kreislaufwirtschaft – die Art und Weise, wie wir exportieren, nicht beibehalten. Ich bin ein Kind des Ruhrgebiets und kenne solche strukturellen Umbrüche und die Widerstände und Verletzungen, die sie mit sich bringen. Es hat lange gedauert, ehe man gelernt hat und bereit war, Steinkohle wirklich durch etwas Neues zu ersetzen. Die Automobilindustrie wird zwar, anders als die Kohleförderung, bleiben, aber sie wird sich radikal verändern. Vielleicht wird sich in Afrika im ländlichen Raum nicht der Individualverkehr durchsetzen, sondern ein System von Elektrokleinbussen. Solche Innovationen, für die auch Wissen und Technologie erforderlich sind, schaffen neue Jobs.

Wie gefährlich ist der Klimawandel? Drohen, wenn kein rasches Umsteuern gelingt, apokalyptische Szenarien?

KÜNAST: Ja, dann sind wir dem Untergang geweiht.

BECKSTEIN: Nein, die Erde ist stärker.

KÜNAST: Aber ohne uns.

BECKSTEIN: Nein, auch wenn es ein paar Grad wärmer wird, ist das nicht das Ende der Menschheit. Ich vertraue darauf, dass die Kraft der Schöpfung stärker ist. Wir sollten uns nicht einbilden, dass wir die Energie hätten, alles zu ruinieren. Wir müssen jetzt schauen, wie wir CO_2-freie Techniken, die marktfähig sind, auf den Weltmarkt bringen. Das ist der entscheidende Punkt.

KÜNAST: Wenn Sie sagen, dass wir nicht die Energie hätten, alles zu ruinieren, dann widersprechen Sie der Wissenschaft. Verzeihung: der großen Mehrheit der Wissenschaft. Körpersprachlich ausgedrückt, bedeutet Ihre Position: Sie lehnen sich zurück und sagen: »Wir müssen uns kümmern und eines Tages eine technische Lösung finden.« Nein, das reicht nicht! Wir müssen uns heute richtig anstrengen und bei Verkehr, Energie und Landwirtschaft schnell Maßnahmen ergreifen, die etwas nutzen, um Treibhausgase zu reduzieren und dabei Perspektiven aufzeigen. Junge Leute verstehen diese Umweltgefahren, es geht ja auch um ihre Zukunft. Sie kennen beispielsweise das Thema Städte und Feinstaubbelastung. Zehntausende sterben früher wegen der Feinstaubwerte.

BECKSTEIN: Die Luft ist in unseren Städten in den letzten Jahren immer besser geworden. Alle großen Städte haben Luftreinhaltepläne aufgelegt. Sie haben die Quadratur des Kreises geschafft – nämlich die innerstädtische Mobilität der Menschen zu erhalten und gleichzeitig die Luft immer noch ein Stück sauberer zu machen. Das ist kommunales Verantwortungshandeln im besten Sinne. Stickoxide in der Luft gehen kontinuierlich zurück und beim Feinstaub sind wir zumindest in Bayern schon flächendeckend unter den Grenzwerten. Die Meldung, dass 400.000 Menschen in Europa an Feinstaub gestorben sind, halte ich für Fantasie. Wir müssen lernen, ein Problem ernst zu nehmen, ohne dass wir gleich in Schnappatmung verfallen. In Deutschland gibt es schon eine sehr ausgeprägte Erregungskultur. Wenn ich manche Zahlen und Prognosen zu Klimaerwärmung und Feinstaub anschaue, ist es ja direkt ein Wunder, dass noch jemand lebt.

KÜNAST: Ich kann nicht glauben, dass Sie diesen letzten Satz wirklich gesagt haben.

BECKSTEIN: Ich nehme wahr, dass junge Leute sagen: Die Welt geht innerhalb der nächsten 30 Jahre zugrunde, wenn wir nicht sofort radikal einsparen. Ich halte das und diese Untergangsideen für falsch. Wir werden nur dann etwas auf den Weg bringen, wenn die entwickelten Staaten, die USA, Deutschland, vielleicht auch China, Techniken zur Verfügung stellen, um die CO_2-Emission zu bremsen. Die Menschen werden nicht auf Wohlstand verzichten, damit die Temperatur nicht so sehr ansteigt. Auch die Grünen nicht. Es wäre auch gescheit gewesen, die Carbon-Capture-Technik für Kohlekraftwerke weiterzuentwickeln. Global geht jeden Monat ein neues Kohlekraftwerk in Betrieb.

KÜNAST: Natürlich geht die Welt nicht in 30 Jahren unter. Das behauptet Fridays for Future auch nicht. Aber das Leben wird mit viel mehr Wetter- und Temperaturextremen in vielen Bereichen ganz anders sein als heute. Mit Greta Thunberg gesagt: »The house is on fire.« Es gibt heute schon global Fluchtbewegungen, die mit dem Klimawandel zu tun haben. Die Wüstenbildung nimmt zu, Inseln werden vom steigenden Wasserspiegel bedroht. Menschen verlieren ihre Heimat, weil es keine Ernährungssicherheit mehr gibt. Wir haben global Dürren, Waldbrände, Wasserknappheit. All das wird zunehmen. Wir müssen jetzt wirksame Maßnahmen ergreifen, nicht irgendwann! Das ist doch allen klar, von der UN bis zur EU-Kommission. Und wahrscheinlich eigentlich sogar der CSU.

Das Szenario, das Frau Künast gerade skizziert hat, kann man fast wortgleich in dem Bericht der Enquete-Kommission des Deutschen Bundestages unter Vorsitz des CDU-Politikers Bernd Schmidbauer nachlesen. Das war 1990. Beim Klimawandel gibt es schon seit Jahrzehnten kein Erkenntnis-, sondern ein Umsetzungsproblem. Wir wissen mehr oder weniger genau, was droht, ignorieren das aber.

Klimawandel und Verkehr

BECKSTEIN: Richtig ist, dass es auf diesen Bericht keine ernsthafte Resonanz gab. Für die Politik war Klimaschutz damals weit hinten angesiedelt gewesen. Das hat sich in der Zwischenzeit geändert.

KÜNAST: Nein, das sieht nur so aus. Es wird mehr über Nachhaltigkeit geredet, aber sie wird noch lange nicht ernsthaft praktiziert. Die Autos werden größer, das Grundwasser ist zunehmend belastet und beim Verpackungsmüll nähern wir uns zielstrebig dem Loriot-Sketch »Weihnachten bei den Hoppenstedts« an, wo nach der Bescherung die ganze Wohnung von Verpackungsmaterial überquillt. Nein, Herr Beckstein, Sie bleiben in der Bequemlichkeit des Nichtstuns und das verursacht höhere Ausgaben.

BECKSTEIN: Die CSU und ihr Regierungspartner in Bayern, die Freien Wähler, haben vor Kurzem ein bayerisches Klimaschutzgesetz verabschiedet, von dem sich manches grün regierte Bundesland eine Scheibe abschneiden könnte. Ich finde, ein Feigenblatt sieht anders aus – und es müsste auch deutlich billiger sein als das, was Bayern für den Klimaschutz ausgibt. Die Bayerische Staatsregierung hat hier ein echtes Bekenntnis abgegeben …

KÜNAST: … das aber offenbar nicht allzu konkret ausfallen darf. Die Grünen im Landtag in München haben dagegen gestimmt. Warum? Sicher nicht, weil wir Grüne gegen Klimaschutz sind. Der Grund ist, dass das Gesetz ein »Gesetzchen« ist – ein paar dürre, wohlfeile Zeilen ohne jede Schlagkraft. Der Entwurf der Grünen dagegen sah konkrete Maßnahmen in konkreten einzelnen Sektoren vor.

Zu konkret offenbar für Schwarz-Orange in Bayern – denn die haben es abgelehnt und ihren Entwurf fast ohne jede Änderung durchgedrückt. Die CSU versteht es bestens, sich nach außen hin grün anzumalen. Aber wenn es ernst und verbindlich werden soll, ist der Lack schnell wieder ab.

Wo steht Deutschland 2021 beim Klimaschutz? Was ist für die nähere Zukunft das Wichtigste?

BECKSTEIN: Selbst wenn Deutschland null Emissionen hätte, rettet das das Klima der Welt nicht. Dafür müssen wir die großen Emittenten wie die USA, China, Brasilien, Indien im Boot haben. Das wird aber nur gelingen, wenn wir zeigen können, dass die Umstellung auf CO_2-freie Energieerzeugung auch wirtschaftlich tragfähig ist. Das ist noch nicht der Fall. Es wird zu teuer werden. Wir haben die Kernenergie aufgegeben, die Kohleenergie wird aufgegeben. Wind und Sonne sind leider sehr unregelmäßig. Es ist bis heute nicht gelungen, kostenmäßig halbwegs vernünftige Speichermedien zu finden. Weder die Batterie noch die Versuche mit Pumpspeicherwerken, Windmühlen oder Wasserstoff waren bisher erfolgreich. Wir haben es noch nicht geschafft zu zeigen, dass die CO_2-freie Energieerzeugung der überlegene Weg ist.
Ein Alleingang Deutschlands hilft nicht. Von meinen grünen Freundinnen und Freunden höre ich, dass Deutschland ganz schnell und entschlossen umsteuern soll. Die anderen Länder folgen uns dann schon. Das ist eine Illusion. Und es widerspricht jeder ökonomischen Erfahrung. An dieser Stelle würde mein Vertrauen in die Wirtschaftskompetenz der Grünen wackeln – wenn ich denn eines hätte. Die

Klimawandel und Verkehr

anderen Staaten rechnen unter Umständen und kalkulieren damit, dass Öl und Gas billiger werden, wenn wir keines mehr nachfragen.

Welche Rolle soll Deutschland dann spielen?

BECKSTEIN: Wir müssen zeigen, dass wir als Hochtechnologiestandort CO_2-Freiheit hinkriegen und wirtschaftlich keine Einbußen haben. Und da stehen wir erst am Anfang, auch was die Forschung angeht. Selbst wenn den Europäern alles wunderbar gelänge – ohne dass die USA, China, Indien und Brasilien im Boot sind, ist nichts gewonnen.

KÜNAST: Aber Sie wollen doch nicht darauf warten, dass die USA, Indien und Brasilien entschlossen Klimaschutz betreiben?

BECKSTEIN: Nein, aber der moralische Zeigefinger, den die Grünen besonders gerne heben, hilft auch nicht. Wenn wir ein überlegenes Modell haben, dann kaufen das alle. Wenn unsere Maschinen besser sind als andere, werden deutsche Maschinen gekauft. Der Weg, den wir gehen müssen, ist der, als Hightechland zu zeigen, dass die Reduzierung des CO_2-Ausstoßes ohne ernsthafte Wohlstandsverluste möglich ist.

Also Deutschland als Vorbild?

KÜNAST: Natürlich muss Deutschland als viertgrößte Industrienation Vorbild sein. Ein wichtiger Teil unserer Klimapolitik ist, dass wir vormachen, wie der Umbau der Wirtschaft gelingt. Wir haben mit dem Pariser Klimaabkommen einen Kompromiss geschlossen – eine maximale Steigerung um 1,5 Grad ist der Pfad, auf den wir kommen müssen. Jedes Zehntelgrad weniger macht einen erheblichen Unterschied für die Lebensqualität und Sicherheit der Menschen auf dieser Welt. Dieser Vertrag ist auf der Basis von vielen wissenschaftlichen Studien entworfen und von großen Teilen der internationalen Staatengemeinschaft unterschrieben worden. Und das ist schon ein Kompromiss. Viele sagen, man müsste mehr tun. Wir werden das in Paris fixierte Ziel nur erreichen, wenn wir das Wachstum vom Ressourcenverbrauch entkoppeln und eine Kreislaufwirtschaft entwickeln. Das muss man radikal umsetzen. Wir haben keine Zeit mehr. Deshalb benutze ich das Wort »radikal«. Wenn wir bis 2030 die ersten großen Reduktionsziele erreichen wollen, müssen wir aufhören, mit öffentlichen Geldern das Alte zu konservieren. Wir müssen in die Zukunft investieren, nicht in die Vergangenheit. Das Bedingungsgefüge für politische Entscheidungen hat sich angesichts dessen, was wir über den Klimawandel wissen, grundlegend verändert. Jedes Gesetz muss daran gemessen werden, ob es mit den Zielen von Paris vereinbar ist. Vor jede Maßnahme gehört der Prüfungsmaßstab: Hilft sie, das Klimaziel von 1,5 Grad zu erreichen? Wie soll ich das sonst meinen Kindern und Kindeskindern erklären?

BECKSTEIN: Ich wehre mich dagegen, das Abkommen von Paris zu einer Art Religion zu stilisieren. Wenn Religion im Spiel ist, wird's immer wieder auch fanatisch – und Fanatismus hat noch keinem Ziel gutgetan, so legitim das Ziel an sich auch sein mag.

KÜNAST: Das ist keine Religion, sondern ein völkerrechtlicher Vertrag! Deutschland hat ihn unterschrieben und der Bundestag hat zugestimmt. Mit den Stimmen von CDU und CSU! Das sind die Parteien mit dem Wort »christlich« im Namen, und das bedeutet ja wohl auch, Verantwortung zu übernehmen.

BECKSTEIN: Das Abkommen von Paris legt ein Ziel fest, und zwar ein nicht strafbewehrtes Ziel. Das Abkommen wird nur dann funktionieren, wenn nicht nur Deutschland sich daran hält.
China verkündet lautstark ambitionierte Klimaschutzziele, bringt aber gleichzeitig ein Kohlekraftwerk nach dem anderen ans Netz. Allerdings werden auch gleichzeitig die erneuerbaren Energien ausgebaut. Ohne diese Staaten, ohne China und Indien, werden wir die Klimaziele nie und nimmer erreichen.

KÜNAST: Aber wir müssen gemeinsam losgehen. Schon im Interesse der Enkelgeneration. Im internationalen Klimaindex steht Deutschland auf Platz 19 von 61 Staaten. Bei den Erneuerbaren liegt Indien vor uns.

BECKSTEIN: Das Pariser Klimaabkommen ist unterzeichnet und wir haben es zu beachten. Wir haben uns auch zu überlegen, wie dieses Ziel insgesamt erreicht werden kann. Es wird nicht funktionieren, wenn wir den US-Amerikanern sagen, dass sie auf viel mehr verzichten müssen als wir, weil sie viel mehr Energie verschleudern. Und es wird auch nicht funktionieren, wenn wir den afrikanischen Gesellschaften sagen, ihr dürft euch nicht unseren Lebensstandard als Ziel setzen. Abgesehen davon, dass die sich von uns ohnehin nichts vorschreiben lassen.

KÜNAST: Die interessantere Idee ist eine andere. Ärmere Länder müssen unsere Fehler nicht wiederholen und können mit erneuerbarer Energie einen anderen Lebensstandard erreichen. Dafür müssen wir uns aber auch ändern und zeigen, dass wir Städte ökologisch bauen, dass wir mit viel weniger Chemie auskommen. Das nur zu fordern, aber selbst nicht umzusetzen, ist nicht glaubwürdig.
Wir müssen ein Vorbild bei der ökologischen Transformation sein. Dazu gehört die Frage, ob Deutschland diese Techniken exportieren oder mit anderen teilen wird. Menschen in ärmeren Staaten werden zu Recht fragen, ob wir uns eine goldene Nase verdienen oder ob wir fortschrittliche Technologien in den Dienst der Menschen und der Umwelt stellen.

BECKSTEIN: Das würde bedeuten, dass der deutsche Staat Patente etwa für die Produktion von CO_2-freier Stahlproduktion erwirbt und kostenlos ärmeren Staaten zur Verfügung stellt. Man kann ja Unternehmen, die über Patentrechte verfügen, nicht zwingen, die zu verschenken. Aber ich sehe das Problem durchaus. Die Herstellung von Beton ist zum Beispiel mit immensen CO_2-Emissionen verbunden. Pro Tonne Beton werden rund 500 Kilogramm Kohlenstoffdioxid freigesetzt. Beton CO_2-frei herzustellen, kann daher existenziell wichtig sein. Wenn es afrikanischen Staaten nicht gelingt, die künftigen Urbanisierungsprozesse mit geringerem CO_2-Ausstoß zu bewältigen, wird es extrem schwer, den Klimawandel zu begrenzen. Da müssen wir mit

Klimawandel und Verkehr

Techniken helfen. Wohlstand mit CO_2-Verträglichkeit zu verbinden, erfordert technische Lösungen.

KÜNAST: Ich möchte diese Frage nicht auf technische Lösungen reduzieren. Es braucht auch den richtigen Umgang mit diesen Lösungen. Natürlich muss ein Unternehmen, das beispielsweise ein innovatives Produktionsverfahren mit weniger Ressourceneinsatz entwickelt, seinen Gewinn daraus ziehen. Aber das Problem ist schon eine Hausnummer größer als die Bilanz eines Unternehmens. Man kann bei Herausforderungen wie der Klimakrise nicht nur mit dem Rechenschieber arbeiten. Der Marshall-Plan war aus Sicht der Amerikaner auch nicht gerade ein Topinvestment. Aber er rentierte sich auf einer viel höheren Ebene, weil er die Bundesrepublik in das Wertesystem des Westens und in die Völkergemeinschaft einband. Letztlich ist es das, was wir brauchen: eine große gemeinsame Kraftanstrengung für einen afrikanischen Marshall-Plan, der untrennbar mit den Zielen und Grundsätzen eines modernen Klimaschutzes verknüpft ist.

BECKSTEIN: Unsere Verantwortung gegenüber den Menschen in den Entwicklungs- und Schwellenländern erkenne ich sehr wohl an. Und bin dafür, Geld für Aufforstungsprogramme in ärmeren Staaten auszugeben.
Es kann sein, dass Sie das, was ich jetzt sage, für provozierend halten. Aber unser Ziel ist nicht, dass der Wohlstand auf der Welt und auf bald acht Milliarden Menschen gleich verteilt wird. Für die Politiker in Deutschland ist es eine absolut notwendige Aufgabe, dafür zu sorgen, dass wir weiter ein Exportland bleiben und damit den Wohlstand in

Deutschland sichern, der dafür sorgt, dass wir in überschaubarer Zeit über wesentlich mehr Wohlstand verfügen werden als etwa Afrika. Wir leben als Industrienation von günstigem Strom und günstiger Energie. Ich bin da von Franz Josef Strauß geprägt. Strauß hat für eine Ölpipeline von der Adria nach Ingolstadt gesorgt. Und mit der Atomenergie für billige Energie, auch deshalb konnte Bayern Nordrhein-Westfalen als wichtigster Industriestandort ablösen. Wohlstand heißt, dass wir uns ein Gesundheitssystem leisten können, dass wir uns unsere Infrastruktur leisten können und einen ÖPNV.

Das ist eine Schlüsselfrage. Können wir ohne Wohlstandsverluste schnell genug in eine CO₂-neutrale Wirtschaft umsteigen? Oder ist das eine Illusion?

KÜNAST: Ein Bauer wird darauf antworten: Welcher Wohlstandsverlust, wenn es im Frühjahr sowieso nicht mehr oder kaum noch regnet? Allgemeiner gesagt: Es wird ein anderer Wohlstand sein. Denn der Wohlstand der letzten Jahrzehnte hat uns ökologisch gesehen doch den Boden unter den Füßen weggezogen. Unter Wohlstand verstehe ich, dass mein Lebensumfeld so organisiert ist, dass ich oder jeder andere ein gesundes, gutes Leben haben wird. Alles andere ist ein Irrweg. Aber man hat uns eingeredet, dass Autos immer größer sein müssen, und bei der Kleidung hat das Jahr mittlerweile mehr als vier Jahreszeiten. Viel wird gekauft, kaum angezogen, weggeschmissen. Ist das Wohlstand? Nein. Es ist aus ökologischer Sicht einfach nur der pure Wahnsinn. Herr Beckstein, Sie sagen: Wir müssen unseren Wohlstand erhalten. Er wird aber gerade nicht zu erhalten sein, wenn wir weitermachen wie bisher, weil er Bauern die Grundlagen entzieht und Klimaflüchtlinge produziert. Wir müssen aufhören, Wohlstand an Wachstum und Rendite zu messen. In Zukunft sollten wir den Wohlstand an sozialen, ökologischen und gesellschaftlichen Kriterien messen.

BECKSTEIN: Kauforgien zu feiern gehört nicht zum Wohlstand. Das teile ich völlig. Mit Wohlstand meine ich nicht die Möglichkeit, einen Pullover wegzuwerfen, wenn man ihn einmal anhatte. Das ist die Karikatur dessen, was Wohlstand ist. Allerdings sollten wir uns nicht darüber hinwegtäuschen, was für viele zum Wohlstand gehört: in Restaurants essen zu gehen, im Urlaub in die Toskana zu fahren, wie es ja viele rot-grüne Politiker gern getan haben.

KÜNAST: Das ist doch kein ernsthaftes Argument.

BECKSTEIN: Ich sage, Urlaubsreisen und eine gute Gesundheitsversorgung, die nicht nur unter Effizienzgesichtspunkten organisiert wird, eine Pflege, die Menschen auch im hohen Alter das Leben noch lebenswert macht, Bildung für alle – für diese Dinge brauchen wir ein hohes Bruttosozialprodukt. Andernfalls können wir sie uns nicht leisten.

KÜNAST: Man kann auch mit dem Nachtzug in die Toskana fahren. Sie können auch in jedes Restaurant gehen. Aber müssen Sie da Fleisch von irgendwoher essen? Tut es nicht auch regionales Fleisch? Ich will nicht Verzicht predigen. Aber Sie müssen im Januar und Februar nicht unbedingt Erdbeeren essen. Das ist kein Wohlstand, das ist eine Fehlentwicklung. Wegen Corona denken viele Menschen darüber nach, was eigentlich das gute Leben ist. SUVs gehören nicht dazu.

Es sollen in Deutschland keine SUVs mehr gefahren werden?

KÜNAST: Wer möchte, soll ihn fahren. Ich will keine SUVs verbieten. Aber es wird teurer werden, einen zu fahren. Wir brauchen eine Kfz-Steuer, deren Höhe sich nach dem Schadstoffausstoß richtet. Und die Parkgebühren für öffentlichen Raum müssen steigen. Wer sich einen SUV leisten kann, der kann auch mehr als 20 Euro im Jahr für eine Anwohnervignette zahlen. Viele Städte werden der Gesundheit wegen und um andere Verkehrsteilnehmer gleichzustellen die Nutzung der Innenstädte neu regeln. Das ist nur gerecht. Die nächste Bundesregierung muss grundlegend umsteuern. Wir finanzieren noch immer das falsche Alte, anstatt mit öffentlichen Geldern den ÖPNV massiv auszubauen. Statt des alten Bundesverkehrswegeplans braucht es einen ganz neuen Infrastrukturplan.

Der Klimawandel ist eine historische Zäsur. Müssen wir im Kampf gegen den Klimawandel auch unsere Begriffe von Freiheit und Verantwortung verändern?

KÜNAST: Für mich bedeutet Freiheit nicht zu sagen: Ich bin über 60 und werde die Katastrophe nicht mehr erleben. Wenn ich Kinder sehe oder Arbeiterinnen in Myanmar oder Bangladesch, frage ich mich: Was ist meine Freiheit, was ist meine Verantwortung?

BECKSTEIN: Als Lutheraner vertrete ich einen Freiheitsbegriff, der Freiheit wovon und Freiheit wofür zusammen denkt und damit Freiheit und Verantwortung. Was ist mein Beitrag? Soll ich, weil es ökologisch ist, auf den Sonntagsbraten verzichten? Kann man Derartiges verbieten mit der Begründung, dass das Weltklima gerettet wird? Mein Credo ist, dass wir im Wesentlichen ein Wohlstandsland bleiben mit höchster Gesundheitsversorgung, mit den Möglichkeiten der Mobilität und einer großen Auswahl an unterschiedlichen Medien. Natürlich wird es da und dort Einschränkungen geben, aber der Weg ist nicht die Einschränkung unserer Freiheit, sondern die Schaffung von Techniken, die beides erlauben.

Der Philosoph Hans Jonas hat, schon vor mehr als 40 Jahren und unter dem Eindruck der atomaren Bedrohung, eine Ethik angesichts von Risiken formuliert, die erst in Zukunft wirksam werden. Seine Maxime wandelt Kants Kategorischen Imperativ ab und lautet: »Handle so, dass die Wirkungen deiner Handlungen verträglich sind mit der Permanenz echten menschlichen Lebens.«

KÜNAST: Ich würde es weniger philosophisch ausdrücken: Wir müssen die Fähigkeit haben, rückwärts zu denken. Wir wissen ja ungefähr, wie 2030, 2040, 2050, 2060 die Lebensbedingungen aussehen werden, wenn wir nichts grundlegend ändern. Wir müssen von diesen Wahrscheinlichkeiten aus rückwärts denken und heute ehrgeizige Maßnahmen ergreifen, um die erwartbaren Schäden, die später eintreten werden, zu verhindern oder zu mildern. Ein altes Plakat der Grünen postuliert eine ähnliche Idee: »Wir haben die Erde von unseren Kindern nur geborgt« – und müssen sie daher in gutem Zustand übergeben.

> Wenn Freiheit und Rechte der zukünftigen Menschheit direkt von unserem Handeln beeinflusst werden – was bedeutet das für die Demokratie und ihre Institutionen? Brauchen wir, zum Beispiel, analog zum Finanzministerium, das Gesetze unter Finanzierungsvorbehalt stellt, einen Klimavorbehalt, der alle Gesetze auf ökologische Zukunftsverträglichkeit prüft?

KÜNAST: Auf jedem Deckblatt jedes Gesetzes und jeder Verordnung muss stehen, welche Folgen für den Klimawandel zu erwarten sind und welche Auswirkungen sie auf die Biodiversität haben. Die Messlatte für alles politische Handeln sind die Klimakrise und der massive Verlust an Artenvielfalt. Das sind Kosten, und genauso, wie man finanzielle Kostenrechnungen bei Gesetzesvorhaben anstellt, muss man die ökologischen Kosten berechnen. Aus umweltökonomischer Sicht ist so ein Denken eigentlich nichts Neues, sondern längst eine Selbstverständlichkeit. Eine Möglichkeit, diese Idee in unserem demokratischen System zu integrieren, ist die Senkung des Wahlalters auf 16 Jahre. Die Jüngeren werden ja mit den Folgen unseres Handelns länger konfrontiert.

BECKSTEIN: Wir haben nach dem christlichen Verständnis den Auftrag, die Schöpfung zu bewahren. Dazu gehört selbstverständlich die Verantwortung, die Erde in gutem Zustand zu übergeben. Wir haben beim Wiederaufbau Deutschlands zu wenig Rücksicht auf die Umwelt genommen. Das gilt auch global. Ökologische Zukunftsverträglichkeit zu verankern, ist daher richtig und sinnvoll. Aber das geschieht ja schon vonseiten der EU. Wir bekommen – von der EU-Kommission mit einer Präsidentin, die von der CDU kommt, und einem EU-Parlament, in dem die EVP die stärkste Fraktion ist – sehr ambitionierte Klimaziele bei der CO_2-Reduktion, die wir einhalten müssen. Allerdings warne ich vor einer lähmenden Weltuntergangsstimmung und Verzichtsideologie und vor einer Regelungswut, die zur Ökodiktatur führt. Wir haben als Deutsche einen Anteil von etwa 2,3 Prozent am weltweiten CO_2-Ausstoß.

Ist der Atomausstieg endgültig? Oder gibt es wegen des Klimawandels Szenarien, doch wieder auf Atomenergie zu setzen?

BECKSTEIN: Wir sind nach Fukushima aus der Atomenergie ausgestiegen ...

KÜNAST: ... zum zweiten Mal ...

BECKSTEIN: Ja, im Nachhinein wäre es gescheiter gewesen, wenn wir bei der Vereinbarung von Rot-Grün geblieben wären und auf ein Rollback, die Laufzeitverlängerung, verzichtet hätten, das wir nach Fukushima wieder rückgängig gemacht haben. Andererseits: In meinem Stimmkreis gibt es ein Unternehmen, einen führenden Hersteller für Kernreaktoren. Die Ingenieure waren immer stolz darauf, die weltbesten Kernkraftwerke herzustellen. Ich zweifle manchmal, ob es wirklich der Weisheit letzter Schluss ist, dass wir unsere hochwertigen Kernkraftwerke abschalten, aber in hohem Maße Kernkraftstrom aus Frankreich und Tschechien beziehen, wo wir keinerlei Einfluss auf Sicherheitsvorkehrungen haben. Und angesichts des Klimawandels gibt es sogar bei den Grünen Leute, die sich für Kernkraftwerke einsetzen.

KÜNAST: Wir sind eine große Partei – es gibt die unterschiedlichsten Meinungen. Diese wird sich nicht durchsetzen.

BECKSTEIN: Niemand wird in Deutschland auf die Idee kommen, einen Antrag auf Laufzeitverlängerung oder eine neue Betriebserlaubnis zu stellen. Realpolitisch ist das Thema auch in der Union erledigt.

»Die Globalisierung hat für eine Verbesserung der Lebensqualität gesorgt.«

KAPITEL 2
Gentechnik und Landwirtschaft

Der Klimawandel hat konkrete Auswirkungen auf Natur und Landwirtschaft in Deutschland. Wie gravierend sind diese Schäden? Und wo sehen Sie mögliche Auswege?

KÜNAST: Der massive Klimawandel betrifft die Landwirtschaft und die Frage der Nachhaltigkeit schon heute direkt. Wir hatten 2020 das dritte Dürrejahr in Folge. Das heißt nicht, dass zwangsläufig das vierte folgt, aber Dürrejahre werden immer häufiger werden. Hinzu kommt Bodenerosion durch extremen Regen. Wo soll also künftig das Wasser für den Gemüse- und Getreideanbau herkommen? Die Wasserwerke und Wissenschaftler, die sich mit Wassermanagement auskennen, sagen längst, dass der Moment kommen wird, in dem Bauern keine Erlaubnis mehr bekommen, einen Brunnen zu bohren und ihre Äcker zu bewässern. Da drohen uns kalifornische Verhältnisse. Das Modell, sozusagen chemiebasiert Monokulturen anzubauen, die viel Wasser brauchen, funktioniert dann nicht mehr. Der Boden ist unser kostbarstes Gut für die Ernährungssicherung. Er muss ein vielfältiges Bodenleben und mehr Speicherfähigkeit haben. Hecken und Agroforstsysteme gegen Bodenerosion und für die Speicherung von Wasser, Vielfalt auf dem Acker, sinnvolle Fruchtfolgen und Nahrung für Bestäuber – das alles muss in Zukunft gute bäuerliche Praxis sein. Auch ob der Futtermittelimport aus Argentinien und Brasilien unter den Bedingungen von Trockenheit und Klimawandel so weitergeht, ist fraglich. Wie organisieren wir eine Landwirtschaft, die in 20 Jahren noch funktioniert? Definitiv nicht, indem wir im Wesentlichen weitermachen wie bisher.

BECKSTEIN: Es ist möglich, Trockenheit mit Wassermanagement zu bekämpfen. Im Donaubereich haben wir tendenziell zu viel Wasser, das Allgäu ist eines der regenreichsten Gebiete Deutschlands. Und wir haben die Main-Donau-Überleitung, die als Wassertransporter konstruiert worden ist und nicht nur als Verkehrsader. Das war eines meiner Werke als Abgeordneter, um die Wasserversorgung für die bäuerlichen Gebiete im Nürnberger Norden sicherzustellen.

KÜNAST: Und das funktioniert in 20 Jahren noch so wie heute? Glauben Sie das? Ich nicht. Eine solche Überleitung kann einen ausgetrockneten Boden, der seine natürliche Funktion als Schwamm verloren hat, niemals ersetzen. Die Landschaft trocknet seit Jahren aus in Deutschland – sowohl in der Fläche als auch in der Tiefe. Wir müssen doch zuerst einmal den Totalschaden am Boden verhindern, bevor wir die Wiederbelebungsversuche starten!

BECKSTEIN: Ich weiß auch, dass die Main-Donau-Überleitung zwar Millionen Kubikmeter Wasser in den bayerischen

Norden transportieren kann, diese Millionen Kubikmeter aber nur wenige Millimeter des Niederschlags ausmachen, der uns fehlt. Trotzdem müssen wir die Lösungen auch im technischen Bereich liefern. Der Klimawandel wird die Niederschläge im Alpengebiet nicht reduzieren. Dann muss das Wasser eben dorthin transportiert werden, wo es benötigt wird. Es wird ja nicht auf der ganzen Welt trockener, es wird Bereiche mit mehr und solche mit weniger Regen geben. Wir haben neue Bewässerungstechniken, die wir uns übrigens von den Israelis abgeschaut haben. Man kann mit wenig Wasser heute Pflanzen deutlich effizienter versorgen.

KÜNAST: Viele Pflanzen halten Hitze, Trockenheit und Wetterextreme nicht aus. Die Wälder verlieren in der Trockenheit zum Teil die Möglichkeit zur Fotosynthese und speichern weniger CO_2 – ein Teufelskreis.

BECKSTEIN: Wir müssen uns Gedanken machen, wie sich Pflanzen an die veränderten Bedingungen anpassen können. Gerade bei den klimatischen Veränderungen gibt es gentechnische Möglichkeiten, die Pflanzen sehr viel widerstandsfähiger zu machen. Bei uns hat das eine große Rolle gespielt, etwa bei der Schädlingsresistenz gegenüber dem Maiszünsler. Gentechnik kann eine große, positive Rolle spielen, insbesondere für Energiepflanzen. Ich verstehe überhaupt nicht, dass es selbst dagegen massive Einwände gibt. Leider bin ich bei der Gentechnik auch in meiner Partei in der Minderheit.

KÜNAST: Auch die Bauern schauen ja mittlerweile skeptischer auf Gentechnik. Ich glaube schon auch, dass Technologien helfen können. Sie sind eine Ergänzung, aber sie sind nicht die Lösung aller unserer Probleme. Auch die Digitalisierung ist Hilfe, aber kein Heilsversprechen. Meine Vorstellung ist nicht, dass die Bauern weltweit noch abhängiger werden von den Saatgutpatenten der vier größten Konzerne.

Für die Grünen war das Nein zur Gentechnik mal so was wie das Nein zur Atomkraft. Das hat sich jetzt verändert, wegen der CRISPR/Cas-Technologie, in der die DNS gezielt geschnitten wird, was in der konventionellen Gentechnik unmöglich war. Ist das Nein der Grünen zur Gentechnik flüssig geworden?

KÜNAST: Ach, da hat sich nicht so viel geändert. Wir hatten eine muntere Diskussion. Ich sehe die Anwendung von CRISPR/Cas skeptischer als einige andere Grüne. Das kommt vor. In unserem Grundsatzprogramm haben wir 2020 beschlossen, dass für CRISPR/Cas das restriktive europäische Zulassungsrecht gelten muss. Man kann es nach dem europäischen Recht auch nicht verbieten. Deshalb setzen wir auf bessere Zulassungsverfahren. Bisher konnten sich Anbieter selber aussuchen, welcher Mitgliedstaat in der EU sozusagen Berichterstatterland war. Daher suchten sich viele solche Staaten aus, in denen günstigere Ergebnisse zu erwarten waren. Und die Studien waren geheim. Man konnte daher Forschungsdesign und Fragestellung nicht kritisieren – ein unmöglicher Zustand. Außerdem brauchen wir Studien, die nicht nur den Nachbaracker von mit CRISPR/Cas veränderten Pflanzen erforschen. Wind und Vögel verbreiten Samen gentechnisch veränderter Pflanzen ja viel weitflächiger.

Viele fasziniert diese Technologie. Sie auch?

KÜNAST: Ich finde sie durchaus spannend. Aber so interessant so eine Technologie sein mag – wir wissen nach wie vor wenig über die Wirkungen in der Zelle und die Folgen einer Anwendung im Kreislauf der Natur. Zudem gilt ja das Vorsorgeprinzip, das im Lissabon-Vertrag verankert ist, und für mich ist auch die Sicherung der Umkehrbarkeit ganz wichtig. Was passiert, wenn eine mit CRISPR/Cas veränderte Pflanze als Monokultur angebaut wird? Wie ist die Auskreuzung? Könnte es dominant sein? Wäre es wieder umkehrbar? Diese Fragen muss man beantworten können. Denn das Vorsorgeprinzip ist quasi ein europäisches Verfassungsprinzip.

Etwas Zweites kommt hinzu: Wenn wir weiter Böden mit Monokulturen bewirtschaften, egal ob gentechnisch verändert oder konventionell gezüchtet, dann haben wir möglicherweise noch für ein paar Jahre schöne Ernten. Aber erhalten wir so den Kreislauf der Natur? Nein. Ein Hauptpunkt ist das Wassermanagement. Wir brauchen Hecken und Grünstreifen auf dem Acker. Wir brauchen Humusschichten, die Wasser halten, Böden, die auch offen sind. Wir brauchen Böden, die nicht abgetragen werden. Das geht nur, wenn der Boden lebt – und das tut er nicht mit viel Chemie. Sollten wir nicht erst mal schauen, was die Natur von sich aus kann? In Kerala, dem indischen Bundesstaat, haben sich Bauern nach dem Tsunami von einer nordindischen Saatgutbank in Navdanya alte Reissorten geholt, die resistenter gegen Versalzung sind. Das hat geklappt. Ich war in Sikkim, einem der nordöstlichsten Bundesstaaten Indiens. Die Bauern dort haben auf 100 Prozent Bioproduktion umgestellt. Und es funktioniert. Im Landeshaushalt geben sie dort, genau wie in der EU, 40 Prozent für die Agrarwirtschaft aus. Aber statt das Geld nur nach Fläche zu verteilen, wird es dort genutzt, um Bauern zu schulen. Das ist ein fortwährender, aufwendiger Prozess, gerade bei Bergbauern. Aber es gelingt, mit anderthalb Hektar eine Familie zu ernähren und noch einen Überschuss für den regionalen Verkauf zu erwirtschaften. Das ist in Sikkim ein zentraler Bestandteil der Armutsbekämpfung: Die Menschen werden befähigt, sich selbst in und von einer intakten, gesunden Umwelt zu ernähren. Gentechnik ist nicht die Antwort auf Hunger. Und auch CRISPR/Cas-Pflanzen brauchen Chemie. Die EU will Pestizide bis 2030 um 50 Prozent reduzieren. Wenn wir nicht jetzt radikale Maßnahmen ergreifen, wird das nichts. Deshalb sage ich: CRISPR/Cas wird den ökologischen Kollaps nicht verhindern.

BECKSTEIN: Ich sehe das anders. Gentechnik ist eine der großen Hoffnungen für eine Landwirtschaft mit weniger Chemieeinsatz und Wasserverbrauch. Mir hat es nie eingeleuchtet, dass wir bei den Medikamenten weltweit die größten Verbraucher von gentechnisch verändertem Insulin sind, aber in Bayern nicht mal für Energiepflanzen Gentechnik zugelassen haben. Der wissenschaftlich-technische Beirat, den ich als Ministerpräsident eingesetzt habe, hat Gentechnik als eine der Zukunftstechnologien für Deutschland identifiziert. Darum haben wir massiv auf Forschung gesetzt. Meine Nachfolger Horst Seehofer und Markus Söder sind einen völlig anderen Weg gegangen und haben Gentechnik reduziert, Freilandversuche verboten und »gentechnikfrei« als Label für die bayerische Landwirtschaft unterstützt. Gentechnik sehr restriktiv zu handhaben ist bei uns jetzt die offizielle Parteilinie. Außerdem wird die Frage letztlich durch die europäische Politik überwölbt, Landespolitik und Bundespolitik spielen keine entscheidende Rolle. Der Unterschied zwischen der CSU und den Grünen ist nicht mehr groß.

KÜNAST: Nun ja, die Union kämpft mit ihrer Bundesagrarministerin in Brüssel dafür, die neue Gentechnik nicht mehr kennzeichnen zu müssen.

Ich glaube, um das ökologische Problem zu verstehen, müssen wir über die Frage technischer Innovationen hinaus das größere Bild anschauen und das System insgesamt in den Blick nehmen. Die Menschen haben die Schöpfungsgeschichte – »macht euch die Erde untertan« – lange nicht als Aufforderung zum Raubbau verstanden. Es galt jahrhundertelang das Ziel, zu bewahren, zu schützen und an nachfolgende Generationen weiterzugeben. Jetzt betreiben wir Raubbau am Klima, am Boden, am Wasser, an der Luft, an der Biodiversität. Die Hälfte des CO_2, das der Mensch in die Atmosphäre geblasen hat, haben wir in den letzten 30 Jahren ausgestoßen. Wir werfen zu viele Lebensmittel weg, nicht nur die Konsumenten, auch die Produzenten und Händler, die Bauern und der Supermarkt, nur weil manches nicht schön genug aussieht – sogar Fleisch und Brot. Wie sind wir eigentlich dazu gekommen, uns derartig unethisch zu verhalten und unsere eigenen Lebensgrundlagen zu ruinieren? Das Grundproblem ist: Wir haben eine Überproduktion von Lebensmitteln. Und die hat globale Folgen. Unser Vieh füttern wir mit Soja, durch dessen Anbau in Argentinien und Brasilien Umwelt und Menschen dramatisch geschädigt werden. Das hat keine Zukunft. Wir müssen wieder regenerativ arbeiten. Agrarökologie muss unser Prinzip sein.

BECKSTEIN: Nachhaltigkeit war in der Landwirtschaft früher selbstverständlich. Das Prinzip ist ja über 300 Jahre alt und zuerst in der Forstwirtschaft entstanden. Der Sachse Hans Carl von Carlowitz hat Nachhaltigkeit so definiert, dass aus einem Wald immer nur so viele Bäume entnommen werden sollen, wie nachwachsen. Dieses Prinzip hat die Forstwirtschaft über Jahrhunderte geprägt. Erst mit der Industrialisierung der Landwirtschaft und der Globalisierung sind Chemikalien zentral geworden. Das hatte mit den Arbeitskosten zu tun. Wir haben es hier aber mit nichts Bösem zu tun, sondern mit Entwicklungen. Die haben freilich auch in der CSU Leute wie Alois Glück immer kritisch angesprochen.

KÜNAST: Die Arbeitskosten waren nicht allein der Anfang und Treiber dieser Entwicklung. Großkonzerne und Investoren haben die ungeregelte Globalisierung organisiert und ausgenutzt, enorme Mengen billiger Rohstoffe für Lebensmittel aus ärmeren Ländern importiert und die Bauern hierzulande unter extremen Wettbewerbsdruck gesetzt.

BECKSTEIN: Ich beteilige mich nicht an grünem Konzernbashing. Selbst kleinbäuerliche Strukturen sind heute sehr arbeitsteilig. Der eine zieht die Rinder auf, der nächste kümmert sich dann um die Milchveredelung. Selbst Bauernhöfe mit 50, 60 Kühen kaufen selbstverständlich Soja hinzu.

KÜNAST: Das Problem ist nicht Arbeitsteilung oder die Spezialisierung auf Kälbermast oder Milchkühe. In unserem Wirtschaftssystem wird das Wachstum von den Auswirkungen auf Natur und Umwelt grundsätzlich entkoppelt. Die chemischen Düngemittel und Pestizide bringen kurzfristig vielleicht eine bessere Ernte, aber die Folgen für die Natur wurden outgesourct. Globalisierte Märkte spielen dabei eine Schlüsselrolle. Wer hierzulande ökologisch verträglich Eiweißpflanzen anbauen will, konkurriert mit dem billigen Soja aus Südamerika, das dort in riesigen Monokulturen, die von dürftig bezahlten Arbeitern und mit viel Chemie bewirtschaftet werden, wächst. Dasselbe gilt für Palmölplantagen in Asien. Diese Struktur ist falsch! Das ändern zu wollen, ist doch kein Angriff auf die Bauern, im Gegenteil. Manchmal glaube ich, dass wir Grünen die Einzigen sind, die sich überhaupt Gedanken machen, wie Bauern in Zukunft noch arbeiten können. Die Logik des »Wachse oder weiche« und der per Förderung verstärkte Zwang, immer größer zu werden, immer billiger Futter einzukaufen und unökologischer zu produzieren, jedenfalls machen es ihnen nicht einfacher. Das anhaltende Höfesterben beweist das. Dabei bräuchten wir für die Agrarwende mehr und kleinere bäuerliche Betriebe als immer mehr gigantische Agrarfabriken.

BECKSTEIN: Bauern nutzen Pestizide nicht, weil sie die Böden vergiften wollen, sondern weil ihre Arbeit dadurch besser geworden ist. Ich habe als Kind Kartoffelkäfer eingesammelt. Das war eine sauharte Arbeit, ich erinnere mich nach mehr als 60 Jahren noch dran, wie sich das angefühlt hat! Pestizide haben große Vorteile. Aber natürlich ist es besser, mit anderen Methoden zu arbeiten wie der Züchtung resistenter Sorten oder, wie bereits erwähnt, mit gentechnisch veränderten Pflanzen. Salopp gesagt: Vieles von dem, was Frau Künast fordert, ist heute beim normalen Bauern selbstverständlich, schon unter Kostenaspekten. Chemie ist teuer, wenn man deren Einsatz vermeiden kann, wird man ihn vermeiden.

Zu dem zweiten Argument: Dass die Globalisierung manche dieser Strukturen unterstützt hat, mag schon sein. Aber ich glaube nicht, dass sie ihre Ursache ist. Ich sehe die Arbeitsteilung und Rationalisierungszwänge auch bei kleinbäuerlichen Betrieben. Manche brauchen mindestens 100 oder 150 Kühe, weil sonst die Maschinen überhaupt nicht ausgelastet sind. Und die Maschinen sind wiederum notwendig, damit halbwegs vernünftiges Arbeiten möglich ist. Bauern kennen keinen Achtstundentag und haben auch keine Fünftagewoche. Sich rund um die Uhr um die Tiere zu kümmern, das geht in der Regel nur bei einer bestimmten Größe. Daraus sind Zwänge entstanden. Ich stimme Frau Künast zu, dass man die Frage von Nachhaltigkeit und Umwelt in der Vergangenheit viel zu wenig beachtet hat. Ich sage das durchaus an uns gerichtet, die CSU. Wir waren die Partei, die das erste Umweltministerium der Welt gegründet hat. Vor 50 Jahren übrigens schon, damals waren die allermeisten Länder davon noch weit entfernt. Diesen Vorsprung haben wir aber verspielt. Wir haben zugelassen, dass sich der Begriff des Konservatismus und der grundlegende Anspruch eines Konservativen, die Schöpfung zu bewahren, entkoppelt haben. Wir haben Leute wie Herbert Gruhl, der die Union verlassen und die Grünen mitbegründet hat, nicht ernst genommen. Vielleicht gäbe es sonst die

Grünen gar nicht. Die wären heute eine Unterabteilung bei uns.

KÜNAST: Oder Parteivorsitzende. Aber Spaß beiseite. Noch einmal zu den globalen Märkten: Ich halte deren Strukturen und Prämissen für ein zentrales Problem. Ärmere Länder exportieren Rohstoffe wie Orangen und Kaffee, doch die Wertschöpfung findet in den OECD-Staaten statt, nicht in den exportierenden Ländern. Das muss sich ändern. Das ist langfristig auch in unserem Interesse. Die Gesellschaften leiden unter dem Klimawandel. Solange die Märkte so funktionieren, wie sie es derzeit tun, und wir, die EU und Deutschland, auch noch billiges Fleisch in den Süden exportieren oder deren Ackerland zu Futteranbauflächen degradieren, gibt es dort wenig Lebensperspektiven. Da brauchen wir uns über Migration aus dem globalen Süden nicht wundern. Das heißt: Wir können nicht mehr so stark auf Export setzen wie in der Vergangenheit.

BECKSTEIN: Ich halte es eher für ein Problem, dass die globale Bevölkerung weiter wächst. Bald werden zehn Milliarden Menschen auf der Welt leben. Es wird ein Riesenproblem sein, ausreichend Nahrungsmittel zu produzieren.

KÜNAST: Darauf gibt es unterschiedliche Antworten, Herr Beckstein. Immer mehr und mehr zu produzieren, mit Gentechnik, größeren Maschinen, mehr Chemie ist die eine. Allerdings keine allzu kluge. Denn eigentlich hätten wir doch genug. Wir schmeißen viel zu viele Lebensmittel weg. Wir brauchen Unmengen an Pflanzen wie Soja, um Rindfleisch zu produzieren, was auch noch mit extremen Treibhausgasemissionen einhergeht. Laut Umweltbundesamt werden 71 Prozent der weltweiten Ackerfläche für den Anbau von Viehfutter genutzt, daraus wird ein Achtel tierisches Eiweiß in Form von Fleisch. Eine wahnsinnige Verschwendung. Dieses System mit all den Urwaldrodungen für riesige Anbauflächen für Palmöl, Zucker und Soja im Süden, in Ländern, die keinen Gemüseanbau haben, ist falsch. Wofür das alles? Damit wir 180 verschiedene Sorten Müsli und Frühstücksriegel im Supermarkt zur Auswahl haben?

BECKSTEIN: Die Frage, wie viele verschiedene Sorten Müsli im Regal stehen, sollte nicht durch eine Entscheidung der EU-Bürokratie geregelt werden. Das regelt der Markt, das machen die Wettbewerber, die um die Kunden konkurrieren. Sie wollen immer in Märkte eingreifen.

KÜNAST: Was heute real passiert, ist doch ein Markteingriff sondergleichen! Wir reden von freier Marktwirtschaft, aber die wirklichen Kosten – durch die Degradation der Böden, die Verschmutzung des Wassers und der Luft, den Ausstoß von CO_2 – werden in der betriebswirtschaftlichen Kalkulation schlicht ignoriert. Deshalb weist die True-Cost-Bewegung zu Recht darauf hin, dass alles, was genutzt wird, in die Rechnung einbezogen werden muss. Boden, Wasser und Luft sind Gemeingüter, deren Nutzung muss ein Kostenfaktor werden, damit es den Anreiz des anderen Wirtschaftens gibt. Zudem werden noch fast 40 Prozent der EU-Gelder für den Agrarbereich verwendet, ohne diese klar an das Natur- und Gemeinwohl zu binden.

BECKSTEIN: Trotzdem müssen wir in einer Marktwirtschaft sauber trennen: Das eine sind die Rahmenbedingungen, die der Staat zu Recht vorgibt. Dabei orientiert er sich im Normalfall an ökologischen und sozialen Kriterien. Aber wenn es um Festlegungen darüber hinaus geht, dann muss man die Grünen mit beiden Händen festhalten, damit sie nicht alles bis ins kleinste Detail vorschreiben. Wenn wir die Landwirtschaft in Grund und Boden regulieren, kommen künftig immer mehr unserer Lebensmittel aus dem Ausland. Und dass dort überall naturverträglicher oder tierschutzkonformer produziert wird, das wage ich zu bezweifeln.

Das heißt, Sie halten die globalen Märkte im Agrarbereich für problematisch?

BECKSTEIN: Die Globalisierung hat eher für eine Verbesserung der Lebensqualität gesorgt, und zwar sowohl für die Bauern als auch für die Konsumenten. Wir haben früher sehr viel mehr Geld für Lebensmittel ausgegeben als heute. Der Wohlstand hat durch dieses System deutlich zugenommen. In meiner Jugend war es völlig klar, dass man nur einmal in der Woche Fleisch gegessen hat. Das war meistens auch noch relativ billige Schlackwurst. Dass man sich hochwertige Lebensmittel in großer Menge leisten und die besten Steaks auf den Grill legen kann, das ist doch wunderbar!

Hat die Massenproduktion von billigem Fleisch keine Schattenseiten?

BECKSTEIN: Die Industrialisierung der Landwirtschaft ist ein Problem, aber nicht, weil die Bauern bösartig sind, son-

Gentechnik und Landwirtschaft

57

dern weil sie unter wirtschaftlichen Zwängen eine vernünftige Arbeitsweise organisieren müssen. Und wir sind nicht allein auf der Welt. Vor etlichen Jahren hatten wir im Fleischbereich keine Vollversorgung in Deutschland. Erst durch neue Techniken sind wir wettbewerbsfähig geworden und beziehen beispielsweise nicht mehr aus Dänemark unser Fleisch, sondern exportieren umgekehrt in großem Umfang landwirtschaftliche Produkte.

In Deutschland werden jährlich 50 Millionen Schweine und 600 Millionen Hühner geschlachtet, weitestgehend industriell und viele für den Export. Die Haltungsbedingungen für Tiere sind oft kritikwürdig. Unter Leitung des früheren CDU-Landwirtschaftsministers Jochen Borchert hat eine vom Ministerium berufene Kommission skizziert, wie das System verändert werden kann. Die artgerechtere Haltung der Tiere und bessere Ställe kosten Geld. Eine Grundidee der Kommission ist, das mit einer Verbrauchssteuer von 40 Cent pro Kilo Fleisch zu finanzieren. Ist das ein Weg, der aus der Sackgasse der industriellen Landwirtschaft führt?

BECKSTEIN: Dass die Kuhhaltung in der Landwirtschaft vor 40 Jahren oder 50 Jahren sehr viel tiergerechter war, bezweifle ich. Die Kühe waren meistens am Strick, das ist heute der Inbegriff von tierwohlferner Haltung. In der Zwischenzeit ist das Tierwohl zum Glück viel stärker im Bewusstsein der Produzenten und Konsumenten verankert. Borchert schlägt verschiedene Finanzierungen vor, nicht nur aus Verbrauchssteuern. Die Grundidee ist, dass die Kosten für die Verbesserungen des Tierwohls nicht die Bauern allein tragen, sondern dass sich die Allgemeinheit beteiligt.

Das ist ein interessanter Ansatz. Es fragt sich nur, ob das in Europa mehrheitsfähig ist. Dies nur in Deutschland zu realisieren, ist schwierig. Wir haben ja einen gemeinsamen europäischen Agrarmarkt, in dem Produkte aus anderen Ländern ohne Einschränkung zu uns gebracht werden können und umgekehrt. Leider führt das auch zu Tiertransporten, die man sich zum Teil wirklich sparen könnte.

Also nur eine interessante Idee?

BECKSTEIN: Nein, das ist mehr. Schon weil die CSU agrarlastiger ist als die anderen Parteien. Wenn Bauern Leistungen erhalten, ist die CSU normalerweise daran beteiligt. Das Tierwohl muss eine größere Rolle spielen. Das leugne ich in keiner Weise. Wegen der höheren gesellschaftlichen Ansprüche, aber auch aus nüchternen rechtlichen Gründen. Tierschutz ist nämlich keine nette Geste, auf die man sich nach Lust und Laune verständigen kann, Tierschutz ist im Grundgesetz verankert. Wir sind dem Tier kraft des Grundgesetzes einen ordentlichen Umgang schuldig – und zwar der Geburt bis zum Tod. Wenn es um den Tod eines Nutztiers geht, ist übrigens die Weideschlachtung eine interessante Alternative: Die Tiere merken nichts, bis sie aus heiterem Himmel der Schlag trifft. Keinerlei Stress im Vorfeld. Das Tier soll bei aller wirtschaftlichen Effizienz seine Würde als Tier behalten. Die Haltungsbedingungen zu verbessern und das so zu finanzieren, wie Borchert es vorschlägt, kann also, wie gesagt, durchaus ein Weg sein. Borchert stellt ja auch fest: Wenn es nicht gelingt, wird die Akzeptanz für die Tierhaltung schwinden. Das wird dann für die Bauern eine sehr schwierige Situation.

Gentechnik und Landwirtschaft

KÜNAST: Die ist schon schwierig. Rechtlich gibt es noch eine Betriebserlaubnis für viele Arten von Ställen und Massentierhaltungen, aber die gesellschaftliche Betriebserlaubnis ist längst erloschen. Die Debatten, ob man Vegetarier, Veganer oder Flexitarier sein soll, zeigen einen gesellschaftlichen Wandel an, der längst über kleine Gruppen hinausgeht. Das zeigt zum Beispiel die norddeutsche Firma Rügenwalder Mühle, die erfolgreich auch vegane und vegetarische Produkte anbietet. Die Vorschläge der Borchert-Kommission gehen in die richtige Richtung. Aber ich wäre keine Grüne, wenn ich da nicht sagen würde: Es reicht nicht.

Was fehlt?

KÜNAST: Es dauert zu lange. Erstens ist alles nur freiwillig. Die Exportorientierung und die Haltungsbedingungen der großen gewerblichen Betriebe bleiben. Erst 2040 sollen die Tiere der teilnehmenden Betriebe gemäß Stufe 2 des geplanten Tierwohlkennzeichengesetzes gehalten werden – das schließt Außenklimaställe ein. Außenklimastall heißt noch nicht, dass die Tiere raus können. Und warum erst 2040? Bei der Schweinehaltung muss nicht nur wegen der unsäglichen Haltung im Kastenstand viel früher etwas passieren. Ein Schritt nach vorne wäre es schon, wenn wir das Tierschutzgesetz ernster nehmen und nicht so viele Ausnahmen wie das Kükenschreddern oder Schwänzekürzen beim Ferkel zulassen würden. Es muss Schluss damit sein, die Tiere den Ställen anzupassen. Selbst das Bundesverwaltungsgericht hat inzwischen den wirtschaftlichen Interessen Grenzen gesetzt. Die Kunden werden meines Erachtens auch nicht so lange warten.

Und auch wenn es leider nicht der Auftrag der Kommission war, sich damit zu befassen – wir müssen die Tierzahlen reduzieren. Die Tierdichte in manchen Regionen Niedersachsens oder Nordrhein-Westfalens ist schlicht unhaltbar. Wenn wir neue Ställe bauen, die bessere Bedingungen für die Tiere bieten, sollten wir das mit einer Reduktion der Tierzahlen verbinden. Das wird ein wesentlicher Klimabeitrag der Landwirtschaft sein müssen. Anders geht es nicht.

BECKSTEIN: Frau Künast, das bedeutet, dass Sie eine Lizenzierung von Tierzahlen wollen. Heute ist es die freie Entscheidung des Landwirts, ob er 20, 40 oder 140 Kühe hat. Dann wird der Bauer einen Antrag stellen müssen, wenn er statt 60 Kühen 70 haben will.

KÜNAST: Selbst in der CSU wird über Großvieheinheiten pro Hektar debattiert und ob 1,4 oder zwei Hektar pro Großvieheinheiten angemessen sind!

BECKSTEIN: Aber das kann der Bauer heute lösen, indem er neuen Flächen pachtet. Die Frage einer bewussten Reduzierung geht meines Erachtens mit einer völlig neuen Logik einher. Das bedeutet staatliches Eingreifen in einem Maße, das ich mir kaum vorstellen kann. Auch wenn wir annehmen, dass eine Reduzierung von Tierbeständen in gewissem Umfang wünschenswert wäre, sind Verbote, Reglementierungen und Vorschriften von Staats wegen der falsche Weg!

KÜNAST: Wenn man hierzulande mehr Futter produzieren und es nicht vom anderen Ende der Welt beziehen will, braucht man mehr Platz für Anbauflächen. Auch deshalb müssen die Tierzahlen runter. Wenn Tiere Auslauf haben sollen, brauchen sie Platz. Diesen Prozess sollte der Staat für die Bauern abfedern. Es kann sinnvoll sein, als Klimaschutzbeitrag die Reduzierung von Schweine- und Rinderhaltung zu subventionieren. Der viel gravierendere staatliche Eingriff ist der des Unterlassens. Die Übernutzung wurde erlaubt, Ökosysteme – also die Schöpfung – nicht bewahrt. Auch die Landwirtschaft wird ihren Beitrag gegen die Klimakrise erbringen müssen. Wir müssen alle miteinander auf den 1,5-Grad-Pfad kommen. Es wäre unlauter, das nicht ehrlich zu sagen.

BECKSTEIN: Ich weiß nicht, ob wir auf diese Weise unseren Wohlstand erhalten können: indem wir unsere Landwirtschaft fürs Schrumpfen bezahlen und dafür, dass sie ihre Konkurrenzfähigkeit preisgibt. Ich stelle mir einen Straßenmusiker vor, zu dem ich hingehe und sage: »Wenn du leiser bist oder heute früher zu spielen aufhörst, schenke ich dir zehn Euro.« Was ist das für ein Signal an den? Und was wäre das im übertragenen Sinne für ein Signal an unsere Bauern?

Außerdem: Für den Klimaschutz scheint mir der Wald ohnehin wichtiger zu sein. Wir haben heute deutlich mehr Wälder als vor 20 oder 30 Jahren. In Bayern weist die Staatsregierung Tausende Hektar neuer Naturwälder aus, die künftig aus der Nutzung genommen werden. Wenn Wälder aufgeforstet und gut gepflegt werden, hat das eine ausnehmend positive Wirkung auf den CO_2-Haushalt. Das erscheint mir weitaus wichtiger als dass Bauern sich mit einem gewaltigen bürokratischen Aufwand rechtfertigen müssen, ob sie 60 oder 61 Rindviecher haben.

KÜNAST: Wir brauchen in der Landwirtschaft eine ganz andere Förderpolitik als derzeit. Man sollte 60 Prozent der direkten Subventionen für Bauern im Laufe der nächsten sieben Jahre nach einem Punktesystem vergeben. Wer wenig oder gar keine Chemie einsetzt, kleinteilig wirtschaftet, Hecken und Blühstreifen hat, bekommt jeweils Punkte. Wir honorieren damit die Leistung der Landwirte fürs Gemeinwohl. Und die muss für die Bauern betriebswirtschaftlich berechenbar sein. Wir brauchen ein anderes System der Finanzierung. Das Wort »Ökosystemdienstleistung« klingt für manche vielleicht kurios – aber es ist treffend. Wenn wir Bienen als Bestäuber wollen, guten Humusboden, bewässerte Moore, dann müssen wir die Bauern genau dafür bezahlen, dass sie für uns all diese Leistungen erbringen. Das wäre dann eine Gemeinwohl- statt einer Flächenprämie.

Wenn man Subventionen an Ökologie koppelt, wandelt sich der Landwirt vom Agrarproduzenten zum Landschaftspfleger. Was halten Sie davon, Herr Beckstein?

BECKSTEIN: Viel. Ich habe als Ministerpräsident eine Prämie für Bauern eingeführt, die Kühe auf die Weide stellen. Ein Journalist hat das boshaft »das Urlaubsgeld für die Kuh« genannt. Wir wollen, dass die Kühe die Landschaft pflegen. Das gehört auch zum Bild Bayerns, die großen Agrarindustriekonzerne sind nicht das Leitbild für die CSU. Wir in Bayern haben uns seit Langem dafür ausgesprochen, dass die Subventionen nicht mehr flächenbezogen vergeben werden – das unterstützt ja vor allem norddeutsche Großbetriebe. In der CDU spielen Großbauern eine Rolle. In Bayern kann man mit 100 Hektar Großbauer sein, in Norddeutschland nicht. Wir wollen den bäuerlichen Familienbetrieb stärker unterstützen, der seit Generationen wirtschaftet und natürlich ein Interesse daran hat, dass die Böden langfristig erhalten bleiben. Ein ordentlicher Bauer denkt in Generationen und nicht in jährlichen Bilanzen. Der verkauft auch nicht ohne Weiteres ein Grundstück, er verpachtet es allenfalls, wenn er es mal eine Zeit lang nicht braucht. Die Langfristigkeit des Denkens in Generationen ist wichtig – wir haben in vielen Dingen in der Vergangenheit viel zu kurzfristig gedacht, das räume ich durchaus ein. Es gab Fehlanreize in der europäischen Politik, die wir hart angegriffen haben. Wir vertreten euch gegen die bösen Bürokraten in Brüssel – damit hat die CSU die besten Wahlergebnisse erzielt.

KÜNAST: Herzlichen Glückwunsch. Bei Ihren Attacken gegen die EU übersehen Sie, dass wir selbst auch Teil davon sind. Die meiste Zeit haben CDU und CSU die deutschen Agrarminister gestellt und in Brüssel mitentschieden. Ich weiß aus eigener Erfahrung, wie schwierig es ist, in der EU das Agrargeschäft zu ändern, denn das ist hochgradig vermachtet. Wer die Subventionspraxis in der EU reformieren will, hat es, auch ohne Bauern, mit massiven finanziellen Interessen zu tun. 2003 habe ich als Ministerin versucht, die Privilegierung von schädlichen Praktiken aufzuheben und die Vergabe von Prämien für Rinder, Schlachtung oder Maisanbau, der extrem unökologisch ist, zu verändern. Ich habe eine Agrarreform mit angestoßen, die dafür gesorgt hat, dass in Europa besonders unökologische Wirtschaftsweisen nicht mehr bevorzugt werden.

BECKSTEIN: Frau Künast, Sie wissen besser als ich – und haben es ja selbst erwähnt –, wie schwierig es ist, in Brüssel etwas durchzusetzen. Sie waren in den Bereichen bis 2005 in der Regierungsverantwortung und ohne Polemik möchte ich sagen, dass Sie keine existenzielle Umgestaltung der europäischen Förderpolitik hinbekommen haben. Aber dass der kleinere bäuerliche Betrieb, der unbedingt erhalten bleiben soll, mehr Förderung bekommen soll – da bin ich dabei.

Markus Söder hat 2019 für die CSU eine grüne Wende ausgerufen. Das Programm: Mehrwertsteuer für Bahntickets reduzieren, Kfz-Steuer an CO_2-Emissionen koppeln, mehr Geld für ökologische Infrastruktur. Das Bild: Markus Söder umarmt einen Baum und unterstützt das Volksbegehren »Rettet die Bienen«. Ist das ein grundlegender Wandel? Oder nur eine Imagekorrektur?

BECKSTEIN: Markus Söder kommt wie ich aus Nürnberg. Ich kenne ihn aus der Zeit, als er noch nicht im Landtag war. Ich habe ihn das erste Mal ins Kabinett berufen. Der Zuspruch für das Volksbegehren »Rettet die Bienen« war viel größer, als wir es erwartet hatten. Da waren Leute dabei, die wir da nicht vermutet hätten. Zum Beispiel der Nürnberger OB-Kandidat der CSU. Das hat den Söder zunächst geärgert. Später hat er zu ihm gesagt: »Gott sei Dank hast du es gemacht.« Kurzum: Menschen aus dem traditionellen CSU-Bereich haben sich massiv für das Bienen-Volksbegehren eingesetzt. Das hat Markus Söder sehr beeindruckt. Das ist der Hintergrund der bewussten Korrektur der CSU-Linie. Auch der traditionelle CSU-Wähler legt heute auf Umweltfragen sehr viel mehr Wert als die Generation vor 30 oder 40 Jahren.

KÜNAST: Ich halte es für eine Anpassung. Ich meine das nicht abwertend. Es ist eine Anpassung an die Wirklichkeit. Bei dem Bienen-Volksbegehren gab es Schlangen vor den Abstimmungsbüros. Da war Druck im Kessel. Es ist ins öffentliche Bewusstsein gerückt, dass unsere Art des Wirtschaftens die Artenvielfalt gefährdet. Jetzt stellt sich die Frage: Was kommt als nächster Schritt?

BECKSTEIN: Mit dem Volksbegehren ist ein Runder Tisch unter der Leitung von Alois Glück installiert worden, der Vorschläge für die konkrete Arbeit im Landtag und der Staatsregierung gemacht hat. Der runde Tisch hat ein Jahr existiert, die Bewertungen der Beteiligten waren überwiegend positiv. Es ist gelungen, den Bauernverband mit ins Boot zu holen. Ursprünglich waren die Bauern gegen das Volksbegehren. Aber Natur- und Landschaftsschutz kann nur mit den Bauern gemeinsam gemacht werden. Es geht um konkrete Fragen, etwa darum, dass zwei Meter Uferstreifen von Bächen und Flüssen nicht bewirtschaftet werden, dass es Blühstreifen gibt und insektenfreundliche Pflanzen angebaut werden. Natürlich gibt es bei einigen Themen auch Streit. Bei den Streuobstwiesen zum Beispiel hatten viele Bauern Angst, ihre Wiese werde durch das Volksbegehren zum Biotop und sie würden nicht mehr ordentlich wirtschaften können. Manche haben sogar zur Säge gegriffen! Die jetzt getroffene Regelung wird von den Streuobstbauern akzeptiert, ist aber dem Landesbund für Vogelschutz zu wenig, der deswegen auch vor Gericht gezogen ist. Solche

Auseinandersetzungen lassen sich bei einem so wichtigen Großprojekt gar nicht vermeiden. Aber insgesamt ist das ein guter, richtiger Weg.

KÜNAST: Und der ist längst noch nicht zu Ende. Ich habe größten Respekt vor denen, die diese Initiative so beharrlich betrieben haben. Sie sind ja mittlerweile Vorbild für Initiativen in anderen Bundesländern. Aber mit den vereinbarten Maßnahmen lösen wir die Probleme noch nicht. Dazu müsste man auch das Wassermanagement, die Frage des Chemieeinsatzes und viele Dinge mehr angehen. Wenn man das Volksbegehren ernst nimmt, dann muss man auch in Brüssel für eine Agrarpolitik sorgen, die ökologische Ziele wirklich erreichen kann. Das heißt: Farm-to-Fork ernsthaft umsetzen, Subventionen an ökologische Dienstleistungen koppeln, Hecken fördern und Chemieeinsatz innerhalb von zehn Jahren um die Hälfte reduzieren. Ich bin gespannt.

Sie zweifeln?

KÜNAST: Ich will freundlich sein und warte ab, was am Ende dabei herauskommt. Aber mir schwant derzeit nichts Gutes.

»Sie sind offenbar zu feige, Regeln durchzusetzen!«

KAPITEL 3
Freiheit und Verbote

Sind die Konsumenten ein Hebel, um eine naturverträglichere Landwirtschaft zu ermöglichen? Welche Reichweite hat die viel zitierte regionale Vermarktung?

BECKSTEIN: Die Regionalvermarktung ist für uns ein zentrales Anliegen. Aber wir müssen berücksichtigen, dass die Preisunterschiede zum nicht regionalen Produkt nicht größer als 10 oder 15 Prozent sein dürfen. Ich zweifle, ob das individuelle Verhalten das weltweite Problem der Rodung von Urwäldern für die Sojaerzeugung und landwirtschaftliche Zwecke wesentlich beeinflussen kann. Ich bin der Meinung, dass diese Probleme schon in erster Linie die Politik lösen muss und nicht der einzelne Bürger. Wir können uns als Politiker nicht hinstellen und sagen: »Danke schön fürs Wählen, auf Wiedersehen in vier oder fünf Jahren – und beim Thema nachhaltiger Konsum kommt's im Übrigen in erster Linie auf dein Verhalten als Individuum an.« Das ist mit meinem Verständnis von Politik nicht vereinbar.

KÜNAST: Zumal wir als Konsumenten überhaupt keine fundierte Entscheidung treffen können. Dafür müssten wir nämlich erst einmal wissen, wie produziert wurde, was wir kaufen. Ich weiß aber nicht, wie die CO_2-Bilanz eines Produktes im Supermarkt ist, ob die Produzenten von ihrer Arbeit leben können, ob dafür Wälder gerodet wurden oder nicht. Meiner Meinung nach haben wir als Wirtschaftsteilnehmer das Recht, das zu wissen. Wir brauchen also Transparenz. Auf einem Produkt muss kenntlich gemacht sein, ob es entwaldungsfreien Lieferketten entstammt oder ob dafür am Amazonas oder in Indonesien gerodet wurde. Wir brauchen ein Klimalabel. Das würde auch der regionalen Vermarktung und dem regionalen Bauern nutzen. Seine Produkte benötigen weniger Transportkilometer. »Erhalten durch Aufessen«, ist mein persönlicher Leitsatz.

Es geht dabei nicht nur um individuellen Konsum, sondern angesichts der immer wichtiger werdenden Außer-Haus-Verpflegung auch um die Gemeinschaftsverpflegung in Kindergärten, Schulen, Universitäten, Kantinen. Wenn wir Nachhaltigkeit und regionale Vermarktung wollen, muss die öffentliche Hand Ausschreibungsregeln formulieren, die bessere Produktionsbedingungen, Vielfalt und bessere Tierhaltung honorieren. Wenn das teurer ist, gibt es eben mal weniger Wurst und dafür was anderes aufs Brot. Die Kinder- und Hausärzte werden begeistert sein.

Der Anteil von Biolebensmitteln ist von 3,7 Prozent im Jahr 2010 auf 5,6 Prozent 2019 gestiegen. Das ist bescheiden.

BECKSTEIN: Na und? Auch die konventionelle Landwirtschaft produziert gesunde Lebensmittel. Und man muss sie dabei unterstützen, umwelt- und menschenverträgliche Anbauweisen umzusetzen. Ich wehre mich mit Händen und Füßen dagegen, dass man nur der Biolandwirtschaft nachhaltiges Wirtschaften unterstellt. Der normale Bauer hat immer nachhaltig gewirtschaftet.

KÜNAST: Ökolandbau ist zu Recht das Leitbild, aber das entscheidende Wort heißt Agrarökologie. Wir werden unsere Ziele in der Landwirtschaft nur erreichen, wenn tatsächlich alle mitmachen können und dürfen. Sonst ist die Veränderung zu klein. Wir brauchen große Hektarzahlen. Die andere, neue Förderung von Bauern, die ich vorhin skizziert habe, zielt nicht nur auf zertifizierten Ökolandbau. Das System muss auch für konventionelle Bauern attraktiv sein und wird sich finanziell lohnen, wenn sie mitmachen.

BECKSTEIN: Kreislaufwirtschaft und Nachhaltigkeit sind alte, konservative Begriffe. Die ökologischen Leistungen von Landwirten stärker bei Förderungen zu berücksichtigen, ist ein traditioneller Topos unserer Politik. Deswegen ist bei uns in Bayern auch der Vertragsnaturschutz so erfolgreich. Wir investieren da jedes Jahr viele Millionen, und zwar mit immer größerem Erfolg.

Sind Sie sich in diesem Punkt einig?

KÜNAST (lacht): Nein! Da gibt es Unterschiede. Ich will bis zu 60 Prozent der Gelder der ersten Säule, also der Direktzahlungen an Bauern, in den nächsten Jahren an Ökodienstleistungen koppeln. Wenn ich mir anschaue, was Unionsminister in den vergangenen Jahren auf europäischer Ebene beschlossen haben, dann waren das oft unbestimmte Rechtsbegriffe, die sich irgendwie nach Natur anhören, aber konkret nichts nutzen. Man kann das gleiche Wort benutzen und nicht das Gleiche meinen.

> Im Wahlkampf 2013 haftete den Grünen das Image an, Verbotspartei zu sein. Auch weil Sie, Frau Künast, einen »Veggie-Day« vorgeschlagen hatten – genauer, dass es donnerstags in Kantinen kein Fleisch geben sollte. Die Grünen haben diese Position angesichts des massiven Drucks damals zurückgenommen: Man wolle niemanden bevormunden, sondern Strukturen verändern. Ist die Debatte um Verbote Geschichte oder noch aktuell?

BECKSTEIN: Ich stimme zu, dass wir weniger Ressourcen verbrauchen müssen. Aber ich sehe bei Frau Künast eine nahezu unbeschränkte Bereitschaft für Verbote. Das beginnt bei der Frage, was man isst, und endet dort noch lange nicht. In so breitem Umfang mit Verboten zu arbeiten, richtet in einer freiheitlichen Gesellschaft erheblichen Schaden an. Meine Grundüberzeugung ist es, dass Verzichtsbereitschaft und Einschränkungen bei unserem Lebensstandard nicht funktionieren werden. Sie nutzen auch dem ökologischen Umbau nicht, weil ärmere Länder uns nicht als Verzichtsgesellschaft nacheifern werden. Unsere Chancen liegen in Forschung und Technik.

KÜNAST: Wenn die CDU/CSU weiterhin glaubt, sie könnte die Grünen als Verbotspartei angreifen, täuscht sie sich. Das glaubt Ihnen kein Mensch mehr. Ich reagiere auf den Vorwurf, wir seien eine Verbotspartei, eigentlich nicht mehr.

Oder ich drehe den Spieß um. Wenn beim Essen manipuliert wird, dann tun das nicht die Grünen. Die CDU/CSU hingegen hat es jahrelang zugelassen und als kluge Wirtschaftspolitik verkauft, dass schon Kleinstkinder mit gezielter und entwicklungspsychologisch überlegter Werbung adressiert werden, damit sie überzuckerte, hochverarbeitete Lebensmittel essen wollen. Zum Beispiel Überraschungseier mit Spielfiguren drin. Oder sogenannte Frühstückscerealien. Die Wirtschaft arbeitet mit Psychologen und Akustikdesignern, um Kinder zielgerichtet zu diesem Konsum zu verführen. Wir haben heute ungefähr 15 Prozent Kinder mit Fettleibigkeit, alles potenzielle Diabetiker. Sie essen zu viel Zucker, trinken zu viele Softdrinks. Das macht Kinder übergewichtig, weil Zucker fett macht, und bringt den Insulinspiegel durcheinander. Diese Zehn-, Elf-, Zwölfjährigen mit chronischen Erkrankungen werden ihr Leben lang medizinisch behandelt werden müssen. Die andere Seite dieser Industrie, die Kinder krank macht, ist der Raubbau, ist die Rodung von Wäldern, um Zuckerrohr als Monokultur anzubauen.

BECKSTEIN: Zucker wird in Niederbayern aus Rüben hergestellt.

KÜNAST: Das Palmfett, das Schokoriegel so schön fest macht, wird ähnlich verheerend produziert. Wir haben hier die ernährungsbedingten Wohlstandserkrankungen, dort den Verlust an Biodiversität. Die Folgen tragen die Kinder und die gesetzlichen Krankenkassen. Mit Freiheit hat das gar nichts zu tun. Deshalb müssen wir vorgeben, was diese Nahrungsmittel enthalten dürfen. Der Zuckeranteil muss sinken.

BECKSTEIN: Ich bin sehr wohl dafür, über Gefahren aufzuklären. Aber man kann niemanden zwingen, sich in einer bestimmten Weise zu ernähren. Man muss die Einzelnen in die Pflicht nehmen, wenn sie zu viel fressen und saufen. Ich habe selbst Probleme mit dem Gewicht. Ich stehe zwei, drei Mal in der Woche auf der Waage, damit ich nicht so viel esse, wie ich es eigentlich gerne täte.

KÜNAST: Ich wiege mich nie. Ich gucke immer nur, ob die Kleidung noch passt.

BECKSTEIN: Ich wiege mich laufend und stelle fest: Ich esse nichts und nehme zu. Es ist ungerecht.

KÜNAST: Sie nehmen das Thema nicht ernst. Werfen wir doch mal einen Blick auf Adipositas. Das betrifft vor allem finanziell Schwächere und Bildungsferne. Mehr als die Hälfte der Männer hat massives Übergewicht und daraus folgende Erkrankungen. Und die sind überproportional in gesetzlichen Krankenkassen. Die einen machen mit billigen Rohstoffen wie Zucker Riesenprofite, die Folgen zahlt die gesetzliche Krankenkasse. Das ist nicht in Ordnung. Das ist ein ungerechtes System.

BECKSTEIN: Es ist die Eigenverantwortung der Menschen, darauf zu achten, nicht so viel zu essen und zu trinken, dass es ihrer Gesundheit abträglich ist. Das Problem ist in Bayern wahrscheinlich noch größer als in Berlin. Die Ernährungsgewohnheiten im Bierzelt sind nicht gesund.

KÜNAST: Man wird nicht von einer Schweinshaxe dick. Man wird vom Zucker dick. Und von all den Produkten, die als Lebensmittel dargestellt werden, aber Süßigkeiten sind.

BECKSTEIN: Jeden Tag Schweinshaxe ist auch ungesund.

KÜNAST: Herr Beckstein, Sie wollen an das Thema einfach nicht ran. Es geht mir nicht um Zwang. Aber wir können nicht zulassen, dass Kinder beim Fernsehgucken oder im Internet mit Werbung überschüttet werden, damit sie möglichst viel von diesen Zuckerbomben essen. Wir brauchen strengere Regeln bei Werbung für Kinder. Wir haben laut Grundgesetz eine Schutzverpflichtung.

BECKSTEIN: Meine Enkel dürfen keinerlei Fernsehen schauen und trotzdem essen sie Gummibärchen. Ich höre bei Ihnen, Frau Künast, dass es immer noch mehr Regeln geben soll, Verbote ohne Ende, die nicht einmal kontrolliert werden können. Soll denn im Haushalt überprüft werden, wie ich mein Essen koche?

KÜNAST: Natürlich nicht! Es geht um unsere gesamte Ernährungsumgebung. Wenn die vollwertig und pflanzlicher wird, bleibt genug Raum für Süßigkeiten und Wein.

BECKSTEIN: Ich setze nicht auf Verbote, sondern auf Aufklärung über gesunde Ernährung. Ich weiß, dass es schwierig ist, Kindern und jungen Leuten gesunde Ernährung beizubringen.

KÜNAST: Warum ist das so schwierig? Weil eine Industrie viel Geld damit verdient und geschickte Werbung sie manipuliert.

BECKSTEIN: Haben Sie Enkel?

KÜNAST: Nein.

BECKSTEIN: Entschuldigung, Sie haben keine Ahnung, wie das ist. Meine Enkel essen ganz von sich aus gerne Gummibären.

KÜNAST: Jetzt müssen wir streiten. Ich habe Patenkinder und kenne genug Kinder, um zu wissen, was Kinder gern essen. Ich mache auch mit Kindern zusammen Eis, koche Königsberger Klopse, weil sie das mögen. Dass Sie Enkel haben, ist kein Grund, mir zu sagen, dass ich keine Ahnung hätte.

BECKSTEIN: Auf gesunde Ernährung zu achten, liegt in einer freien Gesellschaft in der Selbstverantwortung der Menschen. Ich glaube, Sie überschätzen die Wirkung von Werbung und unterschätzen die Verantwortung der Eltern.

KÜNAST: Herr Beckstein, das ist aus der Zeit gefallen. Die Industrie macht Milliarden Umsatz, gibt Unsummen für speziell an Kinder gerichtete Werbung aus. Das sehen nicht nur wir Grüne so.
150 Kinderärzte haben gesagt, wir müssen dringend was tun. Weil sie die Kinder sehen, die mit zehn, elf Jahren Diabetiker Typ II sind, die später womöglich eine Dialyse brauchen und

vielleicht eine Organspende. In unser beider Jugend gab es hin und wieder ein Stück Schokolade. Die Kinder heute wachsen mit Süßigkeiten und Fast Food auf. Ich lasse mir nicht einreden, ich würde jemandem etwas verbieten oder vorschreiben. Die Leute sollen essen, was sie wollen. Aber wir brauchen eine andere Ernährungsumgebung. Das sagt die WHO, das sagt selbst ein Gutachten aus dem Ministerium Klöckner. Wir dürfen keine Rahmenbedingungen zulassen, in denen das Individuum kämpfen muss, um nicht krank zu sein.

Herr Beckstein, ist ein Werbeverbot für Zuckerprodukte für Kinder richtig?

BECKSTEIN: Zucker ist ein problematischer Rohstoff, der bei uns viel zu viel verwendet wird. Es ist richtig, dass in der Ernährungsberatung die zuckerreduzierte Ernährung im Bereich Kindergarten und Schule, gerade bei Ganztags- und Krippeneinrichtungen, betont wird. Das ist Standard und nichts Neues. Zucker ist in Marmelade, Cola, der Pizza, im Kuchen, in Pudding, Nürnberger Lebkuchen, praktisch in fast allen Genussmitteln. Soll man für Schokolade und Pizza nicht mehr werben dürfen?

KÜNAST: Nicht mit gezielt Kinder adressierender Werbung.

BECKSTEIN: Eltern sollten den Medien- und Fernsehkonsum der Kinder extrem reduzieren. Meine Enkel wissen nicht, was Werbung ist. Und zum Frühstück gibt es Gurken und Obst.

KÜNAST: Da sind Ihre Enkel nicht typisch. Wir reden doch nicht über individuelle Fälle, wir reden über eine Struktur. Da hören Sie weg. Natürlich ist die Erziehung durch die Eltern wichtig. Aber zu sagen: »Sollen die Eltern und die Schule doch alleine sehen, wie sie das Problem angesichts dieses Umfeldes in den Griff bekommen«, ist zu wenig. Wenn berufstätige Eltern erschöpft nach Hause kommen und dann mit den Folgen der Strategien internationaler Konzerne ...

BECKSTEIN: Das ist der Antikapitalismus der 70er-Jahre!

KÜNAST: Herr Beckstein, soll ich Ihnen auf diesem Niveau antworten?

BECKSTEIN: Das ist ein Schmarrn, ohne ernsthafte Substanz für die Politik.

KÜNAST: Ich lasse mir von Ihnen doch nicht wirtschaftliche Inkompetenz vorwerfen! Ich habe fünf Jahre lang ein Wirtschaftsressort auf Bundesebene geleitet. Mit Lebensmittelindustrie und Landwirtschaft. Und keiner ist damit schlecht gefahren. In vielen Staaten gibt es diese Werbeverbote und sogar Zuckersteuern, um den Zuckergehalt hochverarbeiteter Lebensmittel zu senken. Das klappt auch. Sie sind offenbar zu feige, Regeln durchzusetzen! Die Wirtschaftskompetenz der Union besteht darin, möglichst keine Regeln zu machen und die Wirtschaft ihren Profit machen zu lassen. Der Rest ist egal. Die CDU/CSU behauptet ja, die Wirtschaftspartei zu sein. Aber das ist teilweise keine Wirtschaftspolitik, das ist nur Schutz der Wirtschaft. Wirtschaft hat aber eine Gemeinwohlverpflichtung. Politik muss den Rahmen so setzen, dass die anderen Grundrechte auch gewährleistet sind und die Allgemeinheit nicht die Folgekosten trägt.

BECKSTEIN: Im internationalen Vergleich haben die Europäische Union und besonders Deutschland viele Regelungen. Wir regulieren mehr als die USA. Politik hat eine ordnungspolitische Funktion. Aber wir können nicht alles verbieten, was nicht absolut gesund ist. Der Wein ist nicht gesund, wenn man zu viel trinkt. Das Bier ist nicht gesund, Cola nicht und Trinkschokolade auch nicht.

KÜNAST: Was erzählen Sie denn da?

BECKSTEIN: Für all das soll keine Werbung mehr gemacht werden dürfen ...

KÜNAST: Sie sind festgefräst in Ihrer Verbotsidee. Befreien Sie sich mal davon.

BECKSTEIN: Sie haben doch von Werbeverbot geredet.

KÜNAST: Bei Alkohol und Zigaretten ist auf Kinder und Jugendliche zielende Werbung doch längst verboten. Warum nicht bei Zucker? Viele Staaten haben genau das gemacht und dafür gesorgt, dass für diese gezuckerten Produkte keine Werbung für unter 12-Jährige mehr gemacht werden darf.

Die Frage, welche Verbote sinnvoll sind oder zu starke Einschränkungen von Bürgerrechten bedeuten, stellt sich ein-

dringlich bei den Maßnahmen gegen die Coronapandemie. Ist die Balance zwischen Sicherheit und Freiheit in
Deutschland gelungen?

BECKSTEIN: Aus meiner Sicht haben wir mit Corona eine
Verbotsgesellschaft erlebt, die eine Ahnung vermittelt hat,
wie eine Verbotsgesellschaft unter den Vorgaben des Klimawandels aussehen könnte.

KÜNAST: Die Coronamaßnahmen kann man nicht in Zusammenhang mit einer Verbotsgesellschaft bringen. Es gibt
Schöneres, als eine Maske zu tragen und keine großen Feste
zu feiern, aber Parlament und Regierung haben die Aufgabe,
größtmöglichen Schutz sicherzustellen, individuell und für
das Funktionieren des Gesundheitssystems.

BECKSTEIN: Die Maske ist nicht mein Thema. Aber bei der
Frage, ob es verboten werden musste, dass Enkel zu den
Großeltern kommen, bin ich der Auffassung, dass man in
diesem persönlichen Bereich selber entscheiden können
muss. Ich weiß, dass ich als 77-Jähriger mein Leben gefährde.
Aber ich war nicht bereit, monatelang keinen Kontakt mit
meinen Enkeln zu haben, weil das für einen alten Menschen
ein zentraler Lebensinhalt ist.

KÜNAST: Das müssen Sie eher dem bayerischen Ministerpräsidenten Markus Söder erzählen. Der ist in dieser Frage
die Verbotspartei.

BECKSTEIN: Ich sehe das anders als Söder, das ist mir bewusst. Aber ich bin überzeugt, dass die Kontaktbeschrän-

kungen in Pflegeheimen zu massiv waren und man zu wenig daran gearbeitet hat, Kontakte mit Schutzkleidung zu ermöglichen. Ein alter Mensch im Pflegeheim lebt von Besuch zu Besuch.

KÜNAST: Es war ein Drama, dass es nicht gelungen ist, das besser zu organisieren.

BECKSTEIN: Ich erkenne sehr wohl an, dass man daraus gelernt hat und die Lage verbessert hat. Aber die Grünen haben mich enttäuscht. Früher haben sie die Freiheitlichkeit doch so hoch geschätzt und waren extrem sensibel bei der Beschränkung von Bürgerrechten. Nun sind sie es nicht mehr.

KÜNAST: Ich kenne die Kritik, dass wir Grünen in den ersten Wochen die Aktivitäten der Bundesregierung zu Corona nicht kritisiert haben. Aber ich fange doch angesichts der Bilder aus Wuhan, Bergamo und New York nicht an, ein Fass aufzumachen und die Gesellschaft zu irritieren. Das wäre politisch und ethisch unverantwortlich gewesen. Der Shutdown war richtig.

BECKSTEIN: Die Opposition hat nicht die Aufgabe, der Regierung Beifall zu klatschen, sondern sie kritisch zu hinterfragen. Das ist das Spiel der Demokratie. War das Besuchsverbot von Großeltern für Enkel richtig? Ich finde nicht. In China gab es das nicht. In Deutschland wurden familiäre Beziehungen verboten, das war unerträglich. Dasselbe gilt für das Verbot von Gottesdiensten. Die meisten Kirchen sind so groß, dass man ausreichend Abstand halten kann, selbst dann, wenn man singt. Aber es gab ein generelles Verbot. Es wäre die Aufgabe der Opposition gewesen, darauf kritisch hinzuweisen. Das Prinzip der Demokratie ist Rede und Gegenrede, Argument und Gegenargument, zu streiten, bis man die zweckmäßigste Lösung hat. Es gab kein Gegenargument, keine Gegenrede mehr. Natürlich war diese Krise die Stunde der Regierung. Aber die Grünen haben gnadenlos versagt.

KÜNAST: Nun lenken Sie mal nicht von den Defiziten ab, die Regierungen verursacht haben. Auch in Bayern. Die Aufgabe der Opposition ist in so einer Lage bestimmt nicht, reflexartig allem zu widersprechen. Die Gefahr von Ansteckungsketten in Pflegeheimen war real, das haben wir schmerzlich erfahren müssen. Und betroffen waren vor allen schwächere, ältere Menschen. Das infrage zu stellen, wäre am Anfang der Pandemie unverantwortlich gewesen. Im Rückblick sehe ich, dass wir in einzelnen Fragen vielleicht kritischer hätten sein können. Aber bitte: China ist wirklich kein gutes Beispiel für ein Krisenmanagement, das schonend mit bürgerlichen Freiheiten umgeht. Da wurden ganze Großstädte abgeriegelt.

Der Fehler war nicht der Shutdown oder ein Mangel an Kritik an diesen Maßnahmen. Die Fehler wurden vorher gemacht. Obwohl bekannt war, dass Deutschland auf solche Krisenszenarien nicht vorbereitet war, hat die Regierung nichts getan. Seit 2012. Deshalb gab es beispielsweise den Mangel an Masken und verfügbarer Schutzkleidung selbst im medizinischen Bereich. Aber ich bin zufrieden, dass wir mit viel Druck im Herbst 2020 Änderungen bei der Vorlage des Infektionsschutzgesetzes erreicht haben, damit gerichtsfeste Verordnungen kommen können. Zum Beispiel die Befristung von Verordnungen.

BECKSTEIN: Insgesamt hat Deutschland Corona ausgezeichnet bewältigt. Aber die Demokratie hat in dieser Krise nicht ordentlich funktioniert. Anstatt einseitig alles mitzutragen, hätten die Grünen kritischer sein müssen.

»Man braucht Härte.«

Zum Spiel der Demokratie gehört zwangsläufig auch die Niederlage. Herr Beckstein, Sie waren ein gutes Jahr bayerischer Ministerpräsident. Nach der Wahl 2008, bei der die CSU 43 Prozent bekam und damit 17 Prozent weniger als bei der Landtagswahl zuvor, traten Sie zurück. Das war eine Niederlage und ein Karriereknick. Wie verarbeitet man so eine Kränkung?

BECKSTEIN: Meine erste Niederlage war die Oberbürgermeisterkandidatur 1987 in Nürnberg, die ich verloren habe. Das ärgert mich bis heute. Es gibt viele in der Partei, die nie erlebt haben, dass man als CSU-Mann eine Wahl verlieren kann. Auch wenn man weiß, dass in der Demokratie Ämter nicht auf Lebenszeit verliehen sind – der Rücktritt vom Posten des Ministerpräsidenten 2008 war schmerzlich. Das gebe ich zu. Die Parteigremien hatten beschlossen, dass ich weitermachen soll. Aber dann hat mich in der Nacht eine Ministerin, die ich in mein Kabinett geholt hatte, angerufen und gesagt: »Günther, glaub denen kein Wort. Wenn du nicht selber zurücktrittst, machen wir die Simonis aus dir. Das haben die beschlossen.«

Heide Simonis war SPD-Ministerpräsidentin von Schleswig-Holstein, der ein Abweichler aus den eigenen Reihen bei der Wahl zur Ministerpräsidentin 2005 die Stimme verweigert hatte.

BECKSTEIN: Die Ministerin hat mir verraten, wer das gesagt hat. Das war ein anderer Minister meines Kabinetts. Den habe ich in der Nacht angerufen. Er hat gesagt: »Das stimmt, das machen wir, wenn du als Ministerpräsident antrittst.«

KÜNAST: Hat er auch gesagt, warum er so feige ist?

BECKSTEIN: Ich habe am nächsten Morgen entschieden, dass ich zurücktrete. Ich wollte diese Prozedur meiner Partei, mir und dem Land ersparen. Und das war richtig. Ich habe getrauert, aber meine Frau hat gesagt: »Sei nicht so wehleidig. Zur Politik gehören Sieg und Niederlage, und dass er auch mit der Niederlage ordentlich umgeht, daran zeigt sich, dass einer ein ordentlicher Mensch ist.« Das habe ich verinnerlicht. Und nach einer Woche habe ich gemerkt, welche Vorteile es hat, nicht mehr den Erfordernissen des Amtes ausgesetzt zu sein.

Hat Sie dieser rüde Umgang verletzt?

BECKSTEIN: Ach wo, so was gibt es im Leben. Übrigens nicht nur in der Politik. In kirchlichen Gremien habe ich Ähnliches erlebt. Ich habe damals, 2008, ganz bewusst gesagt, ich vergesse das alles. Und ich habe es vergessen.

KÜNAST: Obwohl Sie sich gerade daran erinnert haben. Es gibt den schönen Satz: Wir verzeihen alles, aber wir vergessen nichts. Ich vergesse diese Dinge nicht. Aber es macht keinen Sinn, sich persönlich zu rächen.

Frau Künast, Sie waren bis 2005 fünf Jahre Ministerin für Landwirtschaft und Verbraucherschutz. In Berlin haben Sie 2011 vergeblich versucht, Regierende Bürgermeisterin zu werden. Schmerzen Sie solche Misserfolge?

KÜNAST: Das Ende von Rot-Grün habe ich zutiefst bedauert. Ich hatte für die nächsten Jahre noch viel vor.

Aber es war nicht Ihre Niederlage.

KÜNAST: Nein. Die Kandidatur für das Amt der Regierenden Bürgermeisterin 2011 war da auf der persönlichen Ebene schon schmerzhafter. Klaus Wowereit hatte sich als »Mutti vons Janze« inszeniert – das ist keine Erfindung von mir, den Satz hat er auf einem T-Shirt getragen. Die SPD hat zudem ihren enormen Einfluss in den Gewerkschaften und Personalräten genutzt und einen emotionalen Wahlkampf inszeniert. Das war nicht leicht für die Grünen. Heute wäre das so nicht mehr möglich. Dann gab es Medienberichte mit anonymen Zitaten von Grünen mit negativen Urteilen über mich. Dagegen kann man sich schlecht wehren. Ich finde, anonymisierte Zitate passen weder in die politische Arbeit noch zu gutem Journalismus. Ich habe später erfahren, von wem die Zitate kamen. Es waren Leute, die meine Wahlkampfführung kritisierten, aber bei den entsprechenden Terminen, bei denen wir intern darüber diskutiert haben, nicht gekommen waren. Das war zutiefst illoyal. Das hat mich sehr beschäftigt.

Wie viel Härte braucht man im politischen Geschäft?

KÜNAST: Bernd Köppel, ein früherer Kollege aus dem Berliner Abgeordnetenhaus, hat gesagt: »Du musst Hornhaut auf der Seele haben.« So ist es. Es gibt Intrigen und es gibt bei komplizierten Sachentscheidungen mit langen Kommunikations- und Beteiligungsprozessen oft Leute, die falsch spielen. Sie trauen sich nicht, ihre Interessen offen zu vertreten, und schließen hintenherum Bündnisse. Wenn man führt und nicht nur moderiert, braucht man jede Menge Widerstandsfähigkeit.

BECKSTEIN: Führung ist in allen Bereichen rau, bei den Medien, in der Wirtschaft und in der Politik. Auf Führungsebenen ist es anders als im komfortablen Mittelbau. Oben muss man entscheiden, etwa beim Personal. Wen beruft man in das Kabinett, wen übergeht man. Da gibt es oft schwierige, knappe Entscheidungen. Und es gibt immer Unzufriedene, die sagen: »Du hast mich übergangen.« Dafür braucht man Härte. Auch weil das zehnfach zurückkommt.

Wird man als Spitzenpolitiker zwangsläufig misstrauisch?

BECKSTEIN: Nein. Es gibt auch in der Partei persönliche Freundschaften. Freunde sind die, die dir helfen, wenn du in Gefahr bist, selbst wenn sie sich dabei selbst in Gefahr bringen. Das ist im privaten wie im beruflichen Leben selten.

KÜNAST: Ich meide durchaus den einen oder anderen. Aber generell misstrauisch bin ich nicht. Und bevor wir jetzt alle abschrecken: Ich bin dankbar, wie viele tolle Leute ich in der Politik kennenlernen konnte. Ich habe echte, verlässliche Freundschaften geschlossen.

»Ohne Patriotismus wird
die Integration nicht gelingen.«

Das Verhältnis zu Deutschland und zum Patriotismus hat
die Union und die Grünen lange getrennt. Verstehen Sie
sich selbst als Patriot oder als Patriotin?

BECKSTEIN: Ja. Ich halte Patriotismus für wichtig und
grenze ihn strikt von Nationalismus ab. Der Nationalismus
sagt, dass wir als Deutsche anderen überlegen wären. Das ist
falsch. Und es führt auf der politischen Ebene zu Konfron-
tationsstellungen, zu einer My-country-first-Mentalität. Ich
bin kein fanatischer Trump-Gegner gewesen. Aber man hat
in den USA doch gesehen, wohin der Nationalismus führt:
zu immer tieferer Spaltung im eigenen Land, zu internationalen Konflikten und zu vollkommen sinnlosen Wirt-
schaftskriegen, die alle Beteiligten eine Menge Geld kosten.
Ein nationalistisch geführter Staat kann nur Koalitionen
mit Staaten schließen, die ihm nicht ins Gehege kommen.
Das ist keine vernünftige Grundlage für die Zukunft. Insofern ist der Nationalismus altbacken und gestrig. Der Patriot dagegen sagt: »Ich ehre meine Nachbarn und schätze sie
wert. Wenn es Konflikte gibt, dann versuche ich, Kompro-

misse mit ihnen zu schließen, die beide Seiten zufriedenstellen.« Und: »Ich liebe mein Vaterland oder Mutterland.« Ja, ich liebe mein Vaterland. Das Gemeinwesen braucht den Patriotismus. Denn den Zusammenhalt eines Volkes können nicht nur Ge- und Verbote stiften. Das würde zu viele Kontrollinstrumente wie Polizei und Gerichte erfordern. Es muss die Bereitschaft geben, sich in den Dienst einer gemeinsamen Sache zu stellen. Patriotismus und Ehrenamt sind in bestimmten Bereichen Geschwister.

Frau Künast, sind Sie eine Patriotin?

KÜNAST (schaut auf ihr Smartphone): Ich schaue sicherheitshalber mal nach, was das ist. Laut Wörterbuch »begeisterte Liebe zum Vaterland, vaterländische Gesinnung«. Und Wikipedia beschreibt den Patriotismus als »politische Ideologie«. Ich verstehe mich als Verfassungspatriotin. Ein Patriotismus, der sich allein auf das Land, aber nicht auf das Grundgesetz und dessen erste 20 Artikel bezieht, blieb für manche meiner Generation angesichts des Nationalsozialismus, der personellen Kontinuitäten und der fehlenden Aufarbeitung schwierig. Wir haben von unserer Elterngeneration oft gehört: »Wir haben während der NS-Zeit von den Verbrechen nichts gewusst, und wenn wir was gewusst hätten, hätten wir auch nichts ändern können.« Mein Vater ist in einem Dorf bei Weimar groß geworden. Nahe dem Ettersberg und dem KZ Buchenwald. Die Frage, warum Gefangene dorthin gebracht wurden, aber keine Gefangenen diesen Ort wieder verließen, hat sich kaum jemand gestellt. Die Aufarbeitung der Zeit des Nationalsozialismus, des Holocaust, war eklatant mangelhaft, wurde gar verhindert. Das hat mich immer beschäftigt. Der größte Teil der Politik hat dazu mindestens bis Ende der 60er beharrlich geschwiegen. Kaum ein Nazijurist ist je rechtskräftig verurteilt worden, das Holocaustmahnmal musste in einem jahrelangen Kampf gegen erhebliche Widerstände durchgesetzt werden.

Ich liebe dies Land eben im Sinne der Kinderhymne von Brecht: »Und weil wir dies Land verbessern / Lieben und beschirmen wir's.« Die Bundesrepublik ist zweifellos ein gut organisiertes Land, auch wenn selbst hier Verbesserungen möglich sind und nottun. Ich bin im Ruhrgebiet aufgewachsen und lebe schon lange in Berlin. Beides ist für mich Heimat. Aber der Satz »Ich bin Patriotin« ist für mich schwierig. Ich war von vielem in Deutschland begeistert. Aber die von uns erst zu erkämpfende Aufarbeitung des Krieges, den wir entfesselt hatten, und der Vernichtung der europäischen Juden, des Mordes an Homosexuellen, an Sinti und Roma und der Euthanasie hat viel blockiert. Nun bin ich Verfassungspatriotin, begeistert vom ersten Satz des Grundgesetzes: »Die Würde des Menschen ist unantastbar.« Das ist die Abkehr vom Faschismus. Gut. Sehr gut.

BECKSTEIN: Ich teile Ihre Hochschätzung der Verfassung. Das deutsche Grundgesetz, das ja ursprünglich als Übergangslösung gedacht war, hat sich als eine großartige Verfassung herausgestellt. Es ist wahrscheinlich die beste Verfassung, die es auf der Welt gibt. Die Verfassung alleine ist aber für die breite Bevölkerung kein ausreichendes Identifikationsangebot. Eine Verfassung ist etwas Abstraktes, sie emotionalisiert zu wenig. Die Menschen wollen aber ein emotionales Identifikationsangebot, sie wollen zu einer

Gemeinschaft gehören, und dieses Angebot müssen wir ihnen als Politiker machen. Nicht in einem nationalistischen Sinne, der zur Abwertung anderer führt. Aber in einem patriotischen Sinne. So wie wir es beispielsweise bei der Fußballweltmeisterschaft in Deutschland 2006 gesehen haben. Deutschland hat sich damals als durch und durch freundliches Land präsentiert. Die vielen fröhlichen schwarz-rotgold angemalten Menschen – sie waren hervorragende Gastgeber. Das ist für mich ein entscheidender Unterschied zwischen Patriotismus und Nationalismus.

Es gibt zwischen uns keinen Unterschied bei der Verurteilung der Nazizeit. Ich habe die erste Jugendorganisation in Deutschland geführt, die Junge Union Nürnberg, die einen systematischen Jugendaustausch mit Israel, mit der liberalen Partei Hadera, hatte. Selbstverständlich hat der Besuch von Yad Vashem in Jerusalem dazugehört. Ich war beruflich mit dem Vorsitzenden des Verbands der Roma verbunden und weiß, welches Unrecht dieses Volk erlitten hat. Vor ein paar Jahren habe ich die Laudatio auf den jüdischen Künstler Dani Karavan gehalten, der in Nürnberg die Straße der Menschenrechte initiiert hat und damals zum Ehrenbürger ernannt worden ist. Karavan hat seine gesamte Familie im Holocaust verloren. Es gibt nichts in meinem Leben, was mich mehr berührt, als die Bestialität gegenüber Juden, Sinti und Roma und anderen Minderheiten in der Zeit des »Dritten Reiches«. Die mit industrieller Effizienz geplanten und durchgeführten Verbrechen der Nazis waren etwas Singuläres in der Geschichte. Das ist der Unterschied zu den stalinistischen Verbrechen, auch wenn deren Ausmaß ebenso groß war.

Warum hat das Ihre Liebe zu diesem Land nie getrübt?

BECKSTEIN: Ich liebe dieses Land, mein Land, über die Verfassung hinaus. Ich verstehe mich in Nürnberg nicht nur als Bayer, sondern als Franke, was ja durchaus mit Spannungen verbunden ist. Aber ich bin auch Deutscher. Diese Identität verschwindet nicht hinter einer europäischen, obwohl die europäische Einigung eine herausragende Leistung ist. Franz Josef Strauß hat einmal gesagt: Bayern ist unsere Heimat, Deutschland ist unser Vaterland und Europa unsere Zukunft. Wir brauchen einen wohlverstandenen Patriotismus, weil er den sozialen Zusammenhalt sichert.

KÜNAST: Mein Impuls aus der Erfahrung mit der blockierten NS-Aufarbeitung war es, ein neues Wir und einen neuen Heimatbegriff zu suchen, der nicht auf die deutsche Nation fixiert ist. Das Entscheidende für ein soziales Gefüge ist doch, dass die Bürger und Bürgerinnen sich gewollt fühlen, Einfluss nehmen und mitentscheiden können. Wo das möglich ist, da ist man zu Hause. Das ist für mich die engere Region, das Land und Europa.

Als Jugendliche fand ich es total aufregend, einfach so aus dem Ruhrgebiet nach Holland oder Frankreich fahren zu können – zumindest, wenn ich das Geld dafür hatte. Meine Großeltern mütterlicherseits waren der Arbeit wegen zu Beginn des Ersten Weltkrieges aus der Kaschubei und Masuren dort hingekommen. Die Mobilität ist bei Jüngeren heute noch größer als früher, die Vielfalt im Land auch. Auch das müssen wir berücksichtigen. Verfassungspatriotismus drückt aus, dass es nicht nur um einen geografischen Raum geht.

Im Landwirtschaftsministerium haben in der frühen Bundesrepublik sehr viele Ex-Nazis gearbeitet, so wie in den meisten Ministerien. Ich habe als Ministerin eine Vorstudie zur Geschichte des Ministeriums in der NS-Zeit beauftragt. Diese Kontinuität muss man wahrnehmen. Und es gab geschickte Manipulationen, die eine Strafverfolgung von Tätern des Nationalsozialismus fast unmöglich machten. Ich erinnere an Eduard Dreher, Ex-NSDAP-Mitglied und NS-Jurist, der es 1968 als Ministerialbeamter im Justizministerium mit einer trickreichen Formulierung geschafft hat, dass Beihilfe bei NS-Taten nicht strafbar war ...

BECKSTEIN: ... weil die einmal eingetretene Verjährung nicht mehr aufgehoben werden kann.

KÜNAST: Genau. Diese kleine Änderung im Strafgesetzbuch hat jahrzehntelang die Verurteilung von NS-Tätern erschwert, gar verunmöglicht. Die Entschädigung von Opfern wie den Zwangsarbeitern hat viel zu lange gebraucht. Erst unter Rot-Grün haben die Überlebenden eine kleine Entschädigung bekommen. Provokant gesagt: In der Republik gab es nach 1945 jahrzehntelang eine Art von rituellem Gedenken, etwa am 9. November oder mit Besuchen in Yad Vashem. Aber eine echte Aufarbeitung war das nicht. Die mörderische Rolle der Wehrmacht hat erst die Ausstellung 1996 durchleuchtet und ins allgemeine Bewusstsein gerückt – 50 Jahre nach Kriegsende! Auch heute erfahren Wissenschaftler dafür Hass und Bedrohung – oder schon wieder. Zu einem Land, das ich als meine Heimat empfinden kann, gehört deshalb zwingend die Aufarbeitung der nationalsozialistischen Zeit und auch der personellen Kontinuitäten.

BECKSTEIN: Salopp gesagt, wurden die Mitläufer des »Dritten Reiches« durch ein Verfahren wie die Entnazifizierung weißgewaschen. So wurde es möglich, sie in den Wiederaufbau des Landes zu integrieren. Das berechtigte Anliegen des Adenauer-Staates war es, diese Mitläufer für die neue Bundesrepublik zu gewinnen.

KÜNAST: Aber nicht nur die Mitläufer wurden in der Adenauer-Zeit integriert, auch veritable Verbrecher machten Karriere! Hans Globke, Mitverfasser des Kommentars der Nürnberger Rassengesetze, war Adenauers Kanzleramtsminister.

BECKSTEIN: Da gab es Karrieren, die es nicht mehr hätte geben dürfen. Heute wäre man sensibler. Auch ein Kurt Georg Kiesinger könnte heute nicht mehr Bundeskanzler werden. Die Unterscheidung von Mitläufern und Schwerbelasteten war aber sicher nicht immer einfach, das muss man den damals Handelnden zugestehen. Im Ergebnis haben die Defizite bei der Entnazifizierung die 68er-Bewegung mit verursacht – das Pendel hat also, wenn man so will, mit doppelter Wucht zurückgeschlagen. 1968 lebten noch sehr viele der alten Nazis, denen die Jungen nun auf schmerzhafte Weise den Spiegel vorhielten.

Sie haben unterschiedlich auf die Bundesrepublik geschaut, wegen der NS-Zeit und wegen der mangelhaften Aufarbeitung dieser Zeit. Spielen diese Differenzen heute noch eine Rolle – oder haben sie sich historisch ausgewaschen?

BECKSTEIN: Meines Erachtens spielt das keine Rolle mehr. Zum einen ist inzwischen auch der letzte KZ-Scherge, ob unmittelbarer Täter oder wegen Beihilfe verantwortlich, in einem Alter, in dem kein vernünftiger Prozess mehr möglich ist. Und es gibt auch insgesamt aus meiner Sicht keine großen Unterschiede mehr. Auch die CSU ist für einen Antisemitismus-Beauftragten, der unmittelbar dem Ministerpräsidenten verantwortlich ist. Das hätte Franz Josef Strauß wohl kaum so eingerichtet, auch wenn ihm der Nationalsozialismus zutiefst zuwider gewesen war. Strauß hat als Soldat Massaker an Juden im Osten miterlebt, das hat ihn tief geprägt.

KÜNAST: Wir, die Grünen und die Union, haben die Frage, wie viel Druck Aufarbeitung brauchte, unterschiedlich beurteilt. Manche haben gesagt: Die NS-Zeit ist vorbei, jetzt ist Demokratie. Ich habe das anders gesehen. Aber ich finde nicht, dass wir uns in der heutigen Generation von Politikern und Politikerinnen noch gegenseitig vorwerfen sollten, man habe die Größe des NS-Unrechts nicht gesehen.

Frau Künast, singen Sie die Nationalhymne mit?

KÜNAST: Ja, ich singe sie mit.

Die grüne Fraktion im Bundestag auch?

KÜNAST: Außer ein, zwei Abgeordneten, ja. Ich erinnere mich an meinen ersten Bauerntag als Agrarministerin. Ich wurde respektlos nach Strich und Faden beschimpft. Am

Ende standen alle auf und sangen die Nationalhymne. Ich habe in dem Augenblick mit der Situation gefremdelt. Im Prinzip aber halte ich das Singen der Nationalhymne bei einem Festakt oder Gedenkakt oder gar wenn Soldaten bei einem Auslandseinsatz gefallen sind, für ein richtiges Verhalten. Das ist es ein angemessenes Zeichen.

BECKSTEIN: Bei uns ist es selbstverständlich, dass bei Parteitagen gesungen wird – die Bayernhymne, die deutsche Nationalhymne und neuerdings auch meist die Europahymne. Und es ärgert mich, wenn bei der deutschen Nationalmannschaft Spieler nicht mitsingen. Ich würde das nicht gesetzlich regeln, aber es ärgert mich. Ebenso wenn ein deutscher Nationalspieler sagt: Mein Präsident ist Erdoğan. Der Nationaltrainer hat den Spieler …

… Mesut Özil …

… trotzdem spielen lassen. Das fand ich falsch. Denn wir brauchen einen stärkeren, verbindlichen Patriotismus. Missverstehen Sie mich nicht: Ich habe beste Kontakte in die türkische Community. Ich bestreite auch nicht, was Sie, Frau Künast, sagen, und dass die Zeit des Nationalsozialismus ein Grund für diesen Mangel an Patriotismus ist. Aber wir haben die riesige Aufgabe, Migranten zu integrieren. Und ohne Patriotismus wird diese Integration nicht gelingen.

»Es ist gaga, jungen Leuten die Ausbildung zu verbieten.«

Auch bei Migration, Asyl und Flüchtlingen lagen Welten zwischen den Grünen und der Union. Die Grünen waren gegen den sogenannten Asylkompromiss 1993, den Union und SPD durchsetzten und der angesichts der vielen Flüchtlinge aus Bosnien das Recht auf Asyl einschränkte. Die Grünen, Herr Beckstein, haben in der Zeit, als Sie bayerischer Innenminister waren, mal ein Plakat gedruckt mit dem Satz: »Beckstein würde auch Jesus ausweisen.«

BECKSTEIN: Ja, das waren die Grünen in Nürnberg. Die haben sich bei mir einige Jahre später dafür entschuldigt. Immerhin waren Abschiebungen ein gesetzlicher Auftrag. Als Innenminister ist man dafür verantwortlich, dass die Gesetze angewandt und nicht gebrochen werden. Wenn jemand seinen Status gerichtlich überprüfen lässt, wird das in letzter Instanz vom Bundesverwaltungsgericht oder Bundesverfassungsgericht entschieden. Und wenn die Abschiebung entschieden ist, landet der Fall auf dem Tisch des Landesinnenministers. Wenn der Innenminister eines Landes meint, dass ihn die Entscheidung des Bundesverfassungsgerichts zu einer Abschiebung nicht interessieren muss, wäre das spannend. Zumal der Innenminister ja auch Verfassungsminister ist.

Sind die Differenzen zwischen Union und Grünen noch akut – oder ist das eine erledigte Geschichte?

BECKSTEIN: Es gibt schon noch deutliche Unterschiede in der Ausländer- und Asylpolitik zwischen der Union und den Grünen. Aber man muss ja auch sagen: Bis vor Kurzem gab es ein echtes Spannungsverhältnis auch in der Union selbst, zwischen der CSU und der CDU. Erst 2018 wurde dieser Konflikt, der durch Angela Merkels Politik im Herbst 2015 ausgelöst wurde, entschärft. Entschärft, aber nicht gelöst.

KÜNAST: Die Formulierung ist interessant. Ich erinnere an den CSU-Parteitag im November 2015, als Horst Seehofer Angela Merkel 13 Minuten lang auf der Bühne stehen ließ, ohne sie zu verabschieden. Ich war damals nicht die Einzige, die dachte: Seehofer unterstützt damit das gefährliche Spiel der AfD, für die Merkel ja ein Feindbild ist. Diese Szene hatte wirkliche Schärfe. Man kann inhaltliche Auseinandersetzungen haben und die sachlich austragen. Aber diese Inszenierung fand ich übel.

BECKSTEIN: Wir haben über dieses Thema im Parteivorstand diskutiert. Seehofer hat gesagt, dass diese Szene nicht inszeniert war. Er habe Merkel gebeten, wieder im Saal Platz zu nehmen. Aber sie hat das nicht getan. Wahrscheinlich wollte Merkel erzwingen, dass Seehofer nicht noch mal zehn Minuten lang die Rede kommentiert, die sie auf dem CSU-Parteitag gehalten hatte.

KÜNAST: Wissen Sie, in dieser Szene auf dem CSU-Parteitag geht es nicht um Angela Merkel. Es geht um das Amt der Bundeskanzlerin. Die Rechtsextremen wollen auch das Ansehen dieses Amtes zerstören, wir sollten seine Funktion im Gefüge mit den anderen Gewalten verteidigen. Und es nicht, wie Seehofer, angreifen.

BECKSTEIN: Merkel hat nicht als Kanzlerin, sondern als CDU-Vorsitzende auf dem CSU-Parteitag gesprochen.

KÜNAST: Ein König ist immer König. Und Angela Merkel ist auch Bundeskanzlerin, wenn sie im Supermarkt an der Kasse steht. Dann bohrt sie auch nicht in der Nase oder pampt jemanden an, weil sie weiß, dass sie immer das Land repräsentiert. Es ist falsch, die extreme Emotionalisierung und Aufheizung, die es nicht erst seit dem Herbst 2015 gibt, politisch zu bedienen.

BECKSTEIN: Ich kenne Angela Merkel ganz gut. Sie hat immer mit großer Hochachtung von Ihnen, Frau Künast, gesprochen. Und ich erlebe mit einer gewissen Freude, dass das bei Ihnen auch so ist. Sie scheinen ja für Frau Merkel mehr Sympathien zu haben als für manche Parteifreundin.

KÜNAST: Soweit würde ich nicht gehen.

Horst Seehofer hat damals von der »Herrschaft des Unrechts« gesprochen. Ein bemerkenswertes Urteil – vor

allem, wenn es ein bayerischer Ministerpräsident an die Kanzlerin adressiert, die der gleichen Parteienfamilie angehört. Herr Beckstein, haben Sie den Satz von Seehofer unterstützt?

BECKSTEIN: Ich hätte ihn nicht gesagt. Aber die Situation in Oberbayern und Niederbayern war natürlich irre. Flüchtlinge, die aus Ungarn kamen, sind in Salzburg ins Taxi gestiegen, um nach Freilassing zu fahren. Das Taxi ist an der Grenze als Fluchthelferfahrzeug beschlagnahmt worden und gegen den Taxifahrer wurde ein Strafverfahren eingeleitet. Der Flüchtling ist vom Bundesgrenzschutz übernommen worden und zu einer seiner Einrichtungen gebracht worden. Da stand auf großen Plakaten »Willkommen in Deutschland«. Die Einrichtung hieß Willkommenszentrum. Als Erstes wurde aber ein Strafverfahren wegen illegalen Grenzübertritts eingeleitet. Ich würde nicht von einer »Herrschaft des Unrechts« sprechen, aber es war chaotisch. Wochenlang war in den Grenzregionen kein Sportunterricht mehr möglich, weil alle Turnhallen beschlagnahmt worden waren. Es gab keinerlei Steuerung der Zuwanderung mehr. Die Mehrzahl der Flüchtlinge hatte keine Dokumente oder gab falsche Personalien an. Ich halte das auch heute noch für einen schweren Fehler der Kanzlerin. Ich habe mit ihr darüber gesprochen. Sie hat gesagt: »Was hätte ich machen sollen? Die Flüchtlinge waren auf den Eisenbahnschienen.« Mir leuchtet das nicht ein. Das hätte man nicht am Samstagabend entscheiden müssen. Das hätte man vorbereiten und drei, vier Tage später in einer vernünftigen und geordneten Weise machen können.

KÜNAST: Ich bezweifle, dass dies der Fehler war. Wäre das Problem gelöst worden, wenn Frau Merkel im September 2015 ein, zwei Tage früher oder später reagiert hätte? Fehlerhaft war doch, dass die gesamte Regierung in den Wochen und Monaten davor lange ignoriert hatte, dass es diesen Flüchtlingsstrom geben würde. In der konkreten Situation gab es keine andere Möglichkeit zu handeln. Der ungarische Ministerpräsident Viktor Orbán hatte angekündigt, dass es zur Anwendung von unmittelbarem Zwang kommen würde, wenn die Flüchtlinge nicht weiter könnten. Was wäre dann das Szenario gewesen?

BECKSTEIN: Wir hatten in der Union eine harte Auseinandersetzung zwischen CSU und CDU um die Flüchtlingspolitik. Ich halte die Kritik der CSU zwar nach wie vor für zutreffend. Aber der Konflikt hat sich nach 2015 immer weiter aufgeschaukelt. Wir haben da überzogen. Es gab das 60-Punkte-Programm von Seehofer, an dem kein Komma geändert werden durfte, und manches mehr. Söder hat diesen Kurs korrigiert und in jeder Rede die AfD angegriffen. Die CSU hat in der Zwischenzeit ihren Frieden mit 2015 gemacht.

Aber das Grundelement muss immer heißen: Wir müssen Zuwanderung steuern und begrenzen. Das muss auch heute noch gelten. Da gilt ein Dreiklang. Zunächst mal empfangen wir diejenigen, die wirklich asylberechtigt sind. Die nehmen wir ja in großer Zahl auf. Das Zweite ist: Wer hierhergekommen ist, muss in jedem Fall ordentlich behandelt werden. Selbst der, der illegal gekommen ist, selbst der, der ein Verbrecher ist oder in Syrien Verbrechen begangen hat, muss bei uns in einer menschenrechtsgemäßen Weise behandelt werden. Drittens gibt es die Frage, ob und wie viel Zuwanderung wir benötigen.

> Die Union hat lange auf der Formel beharrt, dass Deutschland kein Einwanderungsland sei.

BECKSTEIN: Heute fällt die Antwort natürlich anders aus als zu einer Zeit, als es fünf oder sechs Millionen Arbeitslose in Deutschland gab. Daher ist das Zuwanderungs- oder Einwanderungsgesetz richtig. Heute werden fieberhaft Arbeitskräfte gesucht.

KÜNAST: Ich sehe schon lange, dass wir Einwanderung brauchen. Und dass wir sie strukturieren müssen. Das hätte übrigens schon viel früher geschehen müssen. Da hat die Union lange keine gute Rolle gespielt. Ich erinnere an die Debatte um die doppelte Staatsbürgerschaft vor 20 Jahren. Die Bundesrepublik hat sich sehr lange schwergetan, da einen pragmatischen Weg zu gehen und Leuten, die hier geboren wurden, die Möglichkeit zu eröffnen, etwa im öffentlichen Dienst bestimmte Funktionen einzunehmen – denn das setzt die deutsche Staatsbürgerschaft voraus. Es gab dann den Kompromiss, dass es eine doppelte Staatsangehörigkeit gibt, mit 21 Jahren jedoch die Entscheidung für eine Staatsangehörigkeit erfolgen muss.

BECKSTEIN: Den Kompromiss haben Otto Schily, Cem Özdemir und ich damals ausgehandelt.

KÜNAST: Wir wollten die Möglichkeit einer unbegrenzten Doppelstaatlichkeit schaffen. Aber der Kompromiss war keine Niederlage, sondern ein Fortschritt. Ich erinnere mich noch an Sätze von CDU-Politikern in den 8oer-Jahren, die nicht bereit waren, türkisch- oder arabischstämmigen Menschen, die als sogenannte Gastarbeiter hier waren, Deutschkurse zu bezahlen. Das war extrem kurzsichtig. Integration funktioniert zuallererst über die Sprache. Das ist lange Zeit negiert worden. Bei der Reform des Staatsangehörigkeitsrechts haben wir dann auch die Integrationskurse durchgesetzt. Da steckt aber noch immer viel zu wenig Geld und Personal drin, und es wird zu wenig nach Vorbildung differenziert. Um die Integration und den inneren Frieden zu gewährleisten, müssen wir auch da nachbessern.

BECKSTEIN: Die Frage der doppelten Staatsangehörigkeit war damals zentral. Wir wollten die Aufnahme der deutschen Staatsangehörigkeit erleichtern, aber sicherstellen, dass man Deutsch kann und Staat und Gesellschaft kennt. Ich sehe heute mit Freude, dass die Grünen das unterstützen. In den 9oer-Jahren bin ich von den Grünen in Bayern dafür erbittert angegriffen worden. Sie haben mir vorgeworfen, eine Zwangsgermanisierung zu betreiben. Das war die Zeit des Plakates »Beckstein würde auch Jesus abschieben«. Warum sind wir gegen die generelle doppelte Staatsangehörigkeit? Weil in der Regel die Bindung an die andere Staatsangehörigkeit höher ist als an die deutsche. Das Beispiel von Mesut Özil beweist es. Nationalistische Staatsführer wie Erdoğan nutzen so etwas aus. Die US-Amerikaner sprechen von einer herrschenden und einer dienenden Staatsangehörigkeit. Das wäre bei uns völlig unmöglich – wer würde es akzeptieren, wenn die deutsche die herrschende, die türkische die dienende Staatsangehörigkeit wäre? Wir wollen aber keine Bürger, die nur formal Deutsche sind, aber sich nur dem anderen Land verbunden fühlen. Meiner Erfahrung nach ist selbst bei Leuten, die in der Türkei verfolgt wurden, die Bindung an den türkischen Staat höher als an den deutschen. Ein guter Freund von mir, der Doppelstaatler ist, sagt: »Ich habe die türkische Staatsangehörigkeit fürs Herz und die deutsche für den Arsch.« Wenn er Sozialhilfe braucht, dann ist er Deutscher, wenn er gefragt wird, wo sein Herz ist, dann ist er Türke.

KÜNAST: Donnerschlag! Und das ist ein guter Freund von Ihnen?

BECKSTEIN: Ja, das ist ansonsten ein sehr netter Mensch. Mit Ausnahme dieses Punktes verstehen wir uns hervorragend.

Die doppelte Staatsangehörigkeit war hart umkämpft. Sind da die Gräben zwischen Union und Grünen eingeebnet?

KÜNAST: Wir Grüne haben lange für die doppelte Staatsangehörigkeit gekämpft. Ich würde das derzeitige Modell, mit 21 Jahren wählen zu müssen, weiterentwickeln. Es sollte ganz pragmatisch auch Fälle geben können, in denen jemand zwei Staatsangehörigkeiten behalten kann. Es gibt Leute, die schon lange hier leben, arbeiten, perfekt Deutsch sprechen und fürchten, dass sie zum Beispiel beim Erbrecht Nachteile haben, wenn sie die türkische Staatsbürgerschaft aufgeben. Da sollte man flexibel sein.

BECKSTEIN: Wir sind sehr gut gefahren mit der derzeit geltenden Regelung. In begründeten Einzelfällen könnte ich mir eine pragmatische Weiterentwicklung durchaus vorstellen. Da sehen Sie mal, wie kompromissfähig ich bin.

Dass Deutschland wegen des Mangels an Arbeitskräften Einwanderung braucht, ist Konsens. Wie organisiert man die?

KÜNAST: Wir sollten bei der Zuwanderung nicht nur Rosinen picken und Pflegekräfte aus der Ukraine, aus Belarus oder aus Vietnam holen, bei denen die kulturelle Integration einfach zu sein scheint. Warum geben wir nicht mehr Menschen, die Krieg und Bürgerkrieg entkommen und schon hier sind, eine berufliche Perspektive? Natürlich muss bei jedem ein ordentliches Asylverfahren durchgeführt werden. Aber es gibt doch viele, die nicht anerkannt werden, aber sekundären Schutz genießen, weil ein Abschiebehindernis – möglicherweise jahrelang – besteht. Wir sollten schon aus egoistischen Gründen für diese Gruppen bessere Voraussetzungen für eine Integration schaffen. Erinnern wir uns an die Rütli-Schule in Berlin. Es gab Flüchtlinge, die jahrzehntelang nur kurze Duldungen in Berlin hatten. Sie durften wegen der Bürgerkriegssituation oder abgelaufener Flüchtlingspapiere nicht abgeschoben werden – aber auch keine Berufsausbildung machen. Die jungen Männer haben gefragt: »Was soll ich mit einem Schulabschluss? Ich darf ja danach eh nichts tun.« Wenn man nicht weiß, ob und wann eine Abschiebung möglich ist, müssen die Menschen eine Perspektive haben. Das ist eine Frage der Würde und unserer eigenen Interessen. Wir brauchen also dringend Kriterien für einen Spurwechsel.

Was bedeutet Spurwechsel?

KÜNAST: Dass Menschen, die als Asylbewerber in unser Land gekommen sind, kein Asyl bekommen, aber auch nicht abgeschoben werden, in eine andere rechtliche Spur als das Asylverfahren kommen. Also Einwanderung möglich wird.

Es kam rund eine Million Leute im Flüchtlingsherbst 2015. Der Spurwechsel wäre eine Möglichkeit für alle, für immer in Deutschland zu bleiben?

KÜNAST: Ich habe nicht gesagt für alle. Aber wir haben auch in der Vergangenheit schon in vielen Fällen durch Altfallregelungen Integration und Erwerbstätigkeit ermöglicht.

BECKSTEIN: Der Herbst 2015 ist kein gutes Beispiel. Es war eine besondere Situation, weil wir die Flüchtlinge aktiv hereingelassen haben. Wenn aber jemand illegal in unser Land kommt, einen Antrag als Asylbewerber stellt, abgelehnt wird, dann mit jedem Trick das Verfahren hinauszögert und nach sechs Jahren sagt: »Jetzt bin ich sechs Jahre hier, und obwohl ich nie eine echte Perspektive hatte zu bleiben, war mein Anwalt so gut, dass er so viele Jahre hinausgezögert hat« – dann soll der Aufenthalt legalisiert werden? So stellen wir uns Ausländerpolitik nicht vor. Bei einem abgelehnten Asylverfahren ist die Ausreise die Regel. Und diese Regel muss auch durchgesetzt werden. Sonst werden wir die Akzeptanz der Bürgerinnen und Bürger für diejenigen, die zu Recht hier sind und unserem Land guttun, verlieren.

Frau Künast, soll nach einem abgelehnten Asylverfahren die Ausweisung die Regel sein?

KÜNAST: Wenn das Asylverfahren so endet, ja, das ist rechtlich so vorgesehen. Das ändert aber nichts daran, dass viele, die nicht anerkannt worden sind, faktisch ein Ausreisehindernis haben. Ich habe das nur präzisiert. Wir haben hier einen eklatanten Bedarf an Personal, dort diese Gruppe. Solche Altfallregelungen hat es immer gegeben. Und sehr viele, die hier leben, wollen ja gern erwerbstätig sein und für ihren Unterhalt selbst Sorge tragen.

BECKSTEIN: Ich war 14 Jahre Innenminister. Ich habe viele Altfallregelungen umgesetzt. Das ist kein neuer Weg der Migrationspolitik. Dem abgelehnten Asylbewerber, der sekundären Schutz hat und dauerhaft hierbleibt, müssen wir eine Perspektive bieten. Das ist übrigens geltendes Recht. Aber wenn klar ist, dass abgelehnte Asylbewerber zurückgeführt werden können, dann muss das auch geschehen, selbst wenn eine Kirchengemeinde oder ein Sportverein sagt: Wir möchten gerne, dass er hierbleibt. Der Spurwechsel darf nicht der Regelfall werden.

KÜNAST: Gut, es muss nicht unbedingt der Regelfall sein. Aber wenn wir Arbeitskräfte in Krankenhäusern und Pflegeheimen brauchen …

BECKSTEIN: … Putzfrauen beispielsweise nicht …

KÜNAST: … ist es doch gaga, junge Vietnamesinnen für eine Ausbildung als Pflegekraft anzuwerben, aber gleichzeitig jungen Leuten, die schon hier sind, diese Ausbildung zu verbieten, weil sie vielleicht irgendwann abgeschoben werden. Und zu Ihrem Beispiel der Reinigungskraft: Wir werden nicht nur indische IT-Experten und Fachkräfte holen können. Wir sollten ohne Schaum vor dem Mund über unseren heutigen und zukünftigen Bedarf reden und darüber, wie wir Zuwanderung gut und richtig organisieren. Wir haben einen eklatanten Mangel, nicht nur im Pflegebereich, sondern auch im Bildungsbereich, in der Gastronomie und auch bei einfachen Dienstleistungen. Wir sollten offener und ehrlicher sein. Das Einkommen, das qualifizierte Zuwanderer laut Einwanderungsgesetz nachweisen müssen, um nach Deutschland kommen zu dürfen, ist für viele qualifizierte Berufsgruppen einfach zu hoch. Zudem gilt ja beispielsweise, dass, wer vietnamesische Pflegekräfte holt, demnächst auch vietnamesische Köchinnen braucht. Gebäudereinigungsunternehmen, Bäckereien und viele mehr suchen übrigens auch Arbeitskräfte weit unter 40.000 Euro Jahreseinkommen.

BECKSTEIN: Die Grenze liegt bei 42.000 Euro Bruttoverdienst im Jahr. Ich halte das für richtig. Der Hintergrund ist, dass viele, die kommen, feststellen, dass es sich in unserem Sozialsystem besser lebt. Und deswegen brauchen wir diesen finanziellen Abstand, damit Zuwanderung keine Zuwanderung in unsere Sozialsysteme ist. Wir müssen Zuwanderung nach wie vor steuern und begrenzen. Das heißt, dass Syrer, die seit drei oder vier Jahren in der Türkei im Lager leben, nicht einfach nach Deutschland kommen können. Oder dass, wer in Niger keine Berufsperspektive sieht, hierherkommen kann. Deutschland definiert Zuwanderung nach eigenen Interessen, wie jedes andere Land auch. Deshalb werben wir qualifizierte Fachkräfte wie Computerexperten an. Nun gibt es auch die Anwerbung für Mangelberufe, zum Beispiel im Bereich der Pflege. Aber ich habe Schwierigkeiten zu sagen: »Wir sind ein Einwanderungsland, wir brauchen auf jeden Fall jedes Jahr ein paar Hunderttausend Leute, um den demografischen Bevölkerungsrückgang auszugleichen.« Wir müssen uns sehr wohl überlegen, wie viel Integration gut für unser Land ist. Denn die Bürger machen unbegrenzte Migration nicht mit. Eine Zuwanderungspolitik ohne Handbremse überfordert sie, wir würden damit aktive AfD-Wahlhilfe betreiben mit den schlimmsten Folgen für unsere Parlamente. Ich wohne in Nürnberg-Langwasser. Das ist ein ärmerer Stadtteil, in dem die AfD nach wie vor stark ist und Integrationsprobleme hautnah zu erleben sind. Es ist ein Unterschied, ob man in einem wohlhabenden Viertel wohnt, wo Multikulti bedeutet, zum Italiener oder Türken essen zu gehen, oder in ärmeren Stadtteilen.

»Die Grünen haben die Multikulti-Parole als Köder ausgelegt und die Union hat sehr gerne reingebissen.«

Herr Beckstein, Sie haben 2007 gesagt: »Multikulti ist Gift für den gesamtgesellschaftlichen Zusammenhalt.« Würden Sie das heute noch immer so formulieren?

BECKSTEIN: Wir haben eine deutsche Leitkultur. Die kann man auch verfassungspatriotische Leitkultur nennen, damit es Frau Künast besser gefällt. Das bedeutet, dass wir in jedem Fall die Maßstäbe vorgeben. Ich will nicht, dass völlig andere Kulturen unser Land massiv verändern. Da meine ich insbesondere die arabische Kultur, in der es ein Verständnis der Rolle der Frau in der Gesellschaft gibt, das meine Frau nie akzeptieren würde. Frau Künast sowieso nicht. In der Kultur der Amerikaner bedeutet das Soziale wenig, Geld viel. Ich will das so wenig übernehmen wie das indische Kastensystem. Ich halte an unserer liberalen Kultur fest, die andere Kulturen respektiert. Die aber dürfen unser Land nicht grundlegend verändern. Der Verfassungspatriotismus ist unsere Leitkultur. Diese Kultur müssen wir bewahren, auch gegen stärkste Widerstände. Denn auch eine Demokratie zeichnet sich nicht dadurch aus, dass sie allem nachgibt und sich dabei langsam selber auflöst. Das ist ein grundlegendes Missverständnis. Eine Demokratie darf nicht nur stark und gegenüber ihren Feinden wehrhaft sein – sie muss es sogar!

Eröffnet »Multikulti als Gift« nicht einen Assoziationsraum, in dem das Fremde als Angriff erscheint? Düngt das nicht den Acker von Rechtsextremen?

BECKSTEIN: Ich weiß nicht mehr, in welchem Zusammenhang ich das gesagt habe. Ich bin in der Zwischenzeit altersmilde geworden. Grüne und Union haben sich damals beide nichts geschenkt. Die Grünen haben die Multikulti-Parole als provozierenden Köder ausgelegt und die Union hat sehr gerne reingebissen. Ich habe mal eine andere Formulierung gebraucht, die ich heute noch im Prinzip für richtig halte, aber so nicht mehr wiederholen würde. Sie lautet: »Wir brauchen mehr Menschen, die uns nützen, und weniger, die uns ausnützen.« Ich habe damals dem Landesbischof versprochen, diesen Satz nicht wieder ohne ausführlichste Erläuterungen zu gebrauchen. Denn das ist ein missverständlicher Spruch. Er legt möglicherweise nahe, an Nützlinge und Schädlinge zu denken. Darum habe ich gesagt, dass ich diesen Satz nicht wiederholen werde – oder wenn, wie jetzt, nur mit einer Erklärung. Das Konzept Multikulti halte ich aber für falsch. Und ich habe auch kein Problem damit, es zu sagen – weil ich es im Gegenteil für Wasser auf die Mühlen der Rechtsextremisten halte, das Thema aus Feigheit gar nicht oder nur mit spitzen Fingern anzupacken. Wir haben eine Verantwortung für die Themen, wenn wir ihren Missbrauch durch die Feinde der Demokratie verhindern wollen. Deswegen sage ich: Multikulti ohne klare Regeln und ohne Stoppschilder ist falsch. Wer dauerhaft in Deutschland leben will, sollte die Bereitschaft haben, sich bei uns zu integrieren. Und nicht genauso weiterleben, wie er es in Indien, der Türkei oder in Schanghai täte. Wir sind geprägt durch das Christentum, die Aufklärung und den Humanismus. Dieses Land hat deshalb einen hohen Respekt vor anderen Religionen und Überzeugungen. Wer hierher kommt, muss bereit sein, sich in diese Kultur zu integrieren.

Frau Künast, wir akzeptieren andere Kulturen, aber sie sollen uns nicht verändern – einverstanden?

KÜNAST: Wenn Sie das so zuspitzen, kann ich ja nicht zustimmen. Wir verändern uns immer. Ich finde es gut, dass Sie, Herr Beckstein, den Verfassungspatriotismus an die Stelle der Leitkultur setzten. Wir haben Regeln – Würde, Gleichheit von Mann und Frau, Diskriminierungsverbot, demokratische Prinzipien – und die gelten für alle, die hier leben. Die rechtlichen Mittel, das durchzusetzen, sind begrenzt. Was in geschlossenen familiären Räumen passiert, erfahre ich meistens gar nicht. Gewalt gegen Frauen gibt es auch in deutschen Familien.

Wir Grüne haben lange über das Wort Multikulti und seine Unschärfen diskutiert. Es gab den Vorwurf gegen uns, wir wollten mit diesem Konzept Regeln aufweichen. Ich habe als Parteivorsitzende versucht, den Begriff »demokratischer Multikulturalismus« in die Debatte zu bringen. Das ist ein sperriges Wort, viel zu lang. Wir wollten damit ausdrücken, dass Multikulti das Land eben nicht auf den Kopf stellt. Wir sind offen für andere Kulturen, aber unter dem Dach der Demokratie. Die Schärfe in der Multikulti-Debatte hatte auch mit der Spießigkeit früherer Jahrzehnte zu tun. Ich erinnere mich daran, wie man sich in Berlin über türkische Familien lustig gemacht hat, die im Tiergarten Lamm gegrillt haben. Weil es fremd war. Oder die ewige Debatte, dass es in der Kita zwingend Schweinefleisch geben muss. Multikulti richtete sich gegen diese Enge und eine Art falscher Integration. Wir haben in Deutschland lange über Integration und Assimilation debattiert, ohne die Werkzeuge für ihre Umsetzung zu schaffen. Damit hat sich das Land keinen Gefallen getan. Es gab die Anforderung, sich zu integrieren – aber mit der Förderung von Kindern und Sprach- und Integrationskursen sah es schlecht aus, die kamen erst mit der rot-grünen Bundesregierung und der Beharrlichkeit von Volker Beck. Wir haben erwartet, dass jeder Recht und Gesetz kennt und Deutsch kann. Dabei hatten wir per Anwerbeabkommen zum Beispiel Menschen aus Anatolien zum Arbeiten geholt, die nur zwei, drei Jahre in die Schule gegangen waren, weil sie in der Landwirtschaft mitarbeiten mussten. Zu erwarten, dass die sich – per Fingerschnipp – in unser System integrieren, es verstehen würden, war ein Fehlschluss. Das müssen wir in Zukunft anders machen.

BECKSTEIN: Einverstanden. Wir sollten überlegen, wie wir Integrationskurse effizienter und besser machen. Aber im Prinzip gibt es zunächst eine Bringschuld von denen, die kommen. Wer in die USA oder nach Kanada migriert, auf den wartet kein Integrationskurs. Er muss sich das selbst beibringen. Das ist in traditionellen Einwanderungsländern so. Ich weiß nicht, warum wir uns da immer so klein-machen. Wir Deutsche haben anscheinend Angst, dass man uns gleich für Nazis hält, wenn wir das Deutschlernen ein-fordern. Aber wir tun das ja nicht aus irgendeiner Unter-drückungsabsicht heraus, sondern weil wir wissen: ohne Sprache keine Integration und ohne Integration keine demo-kratische Stabilität. Wir können bei der Anforderung, dass Zuwandernde Deutsch lernen, ruhig ein bisschen selbstbe-wusster sein, so wie es andere Einwanderungsländer sind. Aber ich stimme einer besseren Gestaltung von Integra-tionskursen gerne zu. Das geht aber damit einher zu über-legen, was passiert, wenn jemand sich weigert, diese Kurse regelmäßig zu besuchen, und welche Folgen das haben muss.

KÜNAST: Das sind doch die allerwenigsten. Das Problem ist in der Realität eher, dass es zu wenige Deutschkurse gibt und die Honorarkräfte viel zu schlecht bezahlt werden. Es ist wie bei der Klimapolitik: Wir sind an einem Punkt ange-langt, von dem aus wir ganz anders vorgehen müssen als bisher. Wenn wir Zuwanderung brauchen, müssen wir auch in Personal und Strukturen investieren. Zur Anwerbung muss Zeit für einen Integrations- und Sprachkurs gehören, während dem der Unterhalt gezahlt wird – sonst kommt ja keiner. Übrigens kann eine aktive Einwanderungspolitik die Verfestigung des Aufenthaltsstatus an solche Kenntnisse binden.

Viele Konservative wollen generell keine Zuwanderung aus muslimischen Ländern und halten muslimische Einwande-rungsgruppen für ein Problem. Wie stehen Sie dazu?

BECKSTEIN: Wir haben mit vielen islamischen Einrichtungen Probleme. Wir haben einen islamistischen Terrorismus. Die meisten Moscheen grenzen sich von uns ab. In vielen gibt Ankara knallhart und direkt den Ton an. Millî Görüş, die ebenfalls viele Moscheen betreiben, wird vom Verfassungsschutz beobachtet. Die wenigen liberalen Moscheen, wie die von Seyran Ateş in Berlin, müssen von der Polizei vor islamischen Fundamentalisten geschützt werden. Das nur zu sagen, wird mir wahrscheinlich als Rassismus ausgelegt. Die Zahlen zeigen: Wir haben durch die Zuwanderung aus islamischen Ländern mit Muslimen mehr Schwierigkeiten. Der Islam ist leider insgesamt eine sehr schwierige Religion. Er war früher mal ganz fortschrittlich, aber es gab eben bis heute keine islamische Aufklärung. Ich möchte es mal philosophisch sagen: Von der transzendentalen Obdachlosigkeit, von der wir in Europa zu viel haben, haben die muslimischen Länder zu wenig. Es gibt kaum ein islamisches Land, das demokratisch regiert wird. Vielleicht die Türkei. Ob das aber noch eine Demokratie ist, ist eine spannende Frage, die mir wahrscheinlich nicht einmal Claudia Roth beantworten kann – meine gute und enge Freundin, die sonst auf alles eine Antwort hat.

KÜNAST: Wir müssen bei der Einschätzung des Islam unbedingt differenzieren. Islamistischer Terror, Islamismus und den Glauben, den hier viele Menschen praktizieren, dürfen wir nicht gleichsetzen.

> Horst Seehofer hat 2011 gesagt, man werde sich »bis zur letzten Patrone gegen Einwanderung in die Sozialsysteme wehren«.

BECKSTEIN: Dass wir gegen Einwanderung in die Sozialsysteme mit aller Massivität kämpfen, ja, aber die Formulierung »bis zur letzte Patrone« ist mir nicht bekannt.

Das war bei der Politischen Aschermittwochsrede 2011.

BECKSTEIN: Es gab immer Diskussionen über Grenzüberschreitungen und manchmal missverständliche Formulierungen. Ich habe ja ein Beispiel von mir erwähnt. Wenn man im Bierzelt bewusst deutlich und klar formuliert, so dass es auch der Normalbürger versteht, dann können einem solche Formulierungen schon mal herausrutschen.

KÜNAST: Einspruch, Euer Ehren. Das war kein Versehen, sondern bewusst so gesagt. Das Ziel hatte schon Franz Josef Strauß formuliert: »Rechts von uns soll es keine Partei geben.« Diese Sätze dienen klar diesem Ziel.

BECKSTEIN: Entschuldigung, der Satz von Strauß lautet: »Es darf rechts von uns keine andere demokratisch legitimierte Partei geben.«

KÜNAST: Danke. Präzision ist gut. Und trotzdem, verbales Zündeln sollte auch beim Politischen Aschermittwoch im Bierzelt nicht stattfinden. Keine Brandbeschleuniger, bitte.

BECKSTEIN: Unsere Gegner haben aus dem Satz von Strauß gemacht: Rechts von der CSU ist nur die Wand. Das war und ist eine Verleumdung. Das mag im politischen Kampf vielleicht zulässig sein. Aber wir müssen uns um die demokratischen Rechten kümmern. Harte Formulierungen sind

»Multikulti« und Islam

im europäischen Kontext die absolute Normalität. Wenn ich sehe, was in der Schweiz und Österreich, in Italien und Frankreich, auch von demokratischen Politikern wie Sebastian Kurz, gesagt wird, dann sind wir nicht gerade ruppig.

KÜNAST: Seehofer ist ja ein intelligenter Typ, der wusste auch im Bierzelt, was er sagte. Er hätte rational bleiben können und statt »bis zur letzten Patrone« sagen »wir wollen keine Einwanderung in die Sozialsysteme«. Ich allerdings bewerte dies auch inhaltlich ganz anders – die größten finanziellen Schäden entstehen ja durch Betrügereien wie Cum-Ex und durch zu wenig Umwelt- und Klimaschutz, und nicht durch Missbrauch der Sozialsysteme. Mir geht es hier aber um den Ton. Ich habe auch schon im Bierzelt am Politischen Aschermittwoch geredet. Knallhart in der Sache, ja. Aber Leute niederzumachen und zu entmenschlichen, das geht auch im Bierzelt nicht.

BECKSTEIN: In Bayern gehört die Derbheit dazu. Es ist ein Unterschied, ob ich vor 200 Leuten in Norddeutschland rede oder beim Gillamoos vor 9.000. So ein Bierzelt ist anders. Man muss als Redner um die Aufmerksamkeit des Publikums kämpfen. Es ist da so laut, dass man nicht weiß, ob man gehört wird. Seehofer beherrscht solche Auftritte perfekt, etwa wenn er die Prominenz vorne und die Intelligenz hinten begrüßte. Da hatte er die Lacher auf seiner Seite. Und die Aufmerksamkeit.

KÜNAST: Eins kann ich bestätigen: Bei Aschermittwochsreden in Bayern im Gillamoos habe ich schon nach zwei, drei Sätzen Lacher bekommen. Wenn ich fast das Gleiche in

Itzehoe in Schleswig-Holstein erzählt habe, hat niemand auch nur eine Augenbraue gehoben. Aber trotzdem: Ich achte immer darauf, nichts zu sagen, was als beleidigend empfunden wird. Da reicht ja ein einzelner Satz, der aus der Rede herausgeschnitten werden kann.

BECKSTEIN: Dass Sätze aus dem Zusammenhang gerissen werden, um die CSU anzugreifen, kennt man ja zur Genüge. Darüber könnte ich ein eigenes Buch schreiben. Ich möchte betonen: Seehofer ist kein Radikaler. Er hat die Frage der Humanität bei Migration und Asyl immer stärker betont als ich. Für die CSU ist klar: Radikalität darf es nicht geben, aber derbe Reden gehören dazu.

Christian Wulff hat 2010 den Satz geprägt: »Der Islam gehört zu Deutschland.« Wie sehen Sie das?

BECKSTEIN: Wegen dieses Satzes hatte ich Wulff für den Toleranzpreis an der Evangelischen Akademie Tutzing vorgeschlagen. Und habe dann bei der Verleihung gesagt: »Sie kriegen diesen Toleranzpreis, obwohl ich diesen Satz für falsch halte.«

KÜNAST: Dann haben Sie ja mit dem Toleranzpreis gezeigt, wie tolerant Sie sind. Das war damals ein provozierender Satz von Wulff, der jedoch nötig war. Denn viele waren und sind der Ansicht, dass der Islam eben nicht dazugehört. Es herrscht hier aber Religionsfreiheit. Ich glaube, dass wir den Islam einbürgern müssen.

Was bedeutet das konkret?

»Multikulti« und Islam

KÜNAST: Wir haben viel zu lange Integration versäumt. Das betrifft Sprache, Bildung, Arbeitsmarkt, auch Politik, wie die gescheiterten Versuche zeigen, ein kommunales Wahlrecht für Ausländer durchzusetzen und so ihre gesellschaftliche Beteiligung zu ermöglichen. Es ist falsch, den Islam als Religion zu diskreditieren. Damit erzeugt man den Effekt, dass sich viele wegen ihrer Religion mit Terroristen gleichgesetzt fühlen. Christen wollen ja auch nicht auf die Kreuzzüge reduziert werden. Wir hätten viel früher klarmachen müssen, dass sich unter dem Dach des Grundgesetzes und der Menschenrechtskonventionen ein Weg für einen europäischen Islam öffnet. Das bedeutet, dass Imame und Religionslehrer in Deutschland unabhängig ausgebildet werden sollten. Derzeit ist es so, dass viele Imame aus der Türkei kommen, an die dortige Regierung gebunden sind und nicht verfassungsgedeckte Werte vermitteln.

BECKSTEIN: Frau Künast, mir gefällt sehr gut, was Sie sagen. Das heißt ja: Wir erkennen nicht die islamische Religionskultur der Türken an, sondern sie sollen sich unserer Leitkultur eines liberalen Islam unterwerfen. Sie sollen einen neuen Euro-Islam gründen, einen Begriff, den Bassam Tibi geprägt hat, der als Soziologe und syrischer Muslim die Probleme kennt. Genau das wollen wir. Aber es steht zum Grundgesetz Artikel IV, Religionsfreiheit, in einem großen Spannungsverhältnis.

Wir haben beispielsweise seit vielen Jahren islamische Studiengänge an der Universität Erlangen-Nürnberg. Aber von den Absolventen hat keiner eine Stelle gefunden. Die Moscheen wollen sie nicht, sie bevorzugen Imame, die in der Türkei ausgebildet sind. Die katholische Kirche ernennt ihr

Führungspersonal in Rom und lässt es nicht von irgendeinem von Frau Künast akzeptierten Gremium wählen. Zur Religionsfreiheit gehört nach unserem Verständnis – ich habe darüber promoviert –, dass der Staat eben nicht anordnen kann, dass auch Frauen in der katholischen Kirche Priester werden können. Religionsgemeinschaften sind nicht gezwungen, staatliche Normen eins zu eins zu übernehmen. Der Islam hat keine Aufklärung durchlaufen und eine nachträgliche Aufklärung kann vom Staat nicht erzwungen werden – so erwünscht das auch aus meiner Sicht wäre. Islam-Studiengänge an den Universitäten anzubieten, ist ganz schwierig. Denn die Leute, die wir als Professoren haben wollen, akzeptieren die Beiräte dominierender islamischer Organisationen wie DİTİB und Millî Görüş nicht. Deshalb haben wir in den Beiräten Kulturmuslime, die genauso gut Protestanten sein könnten.

Gibt es einen Euro-Islam?

BECKSTEIN: Ich sehe in Deutschland keinen staatstragenden Islam, sondern eine schwierige Koexistenz. Wir haben die Hoffnung, aber nicht die Möglichkeit, entscheidend einzuwirken. Die Islam-Lehrstühle gehen schon an die Grenze des rechtlich Zulässigen. Der Staat bestimmt ja, wer zum Beispiel Religionslehrer oder Imam wird. Der schulische Religionsunterricht ist bei uns immer noch als Versuch ausgestaltet. Da kann der Staat die Religionslehrer bestimmen und muss nicht die Moscheen fragen. Das Problem ist, dass viele Kinder nicht in den vom Staat gestalteten Religionsunterricht gehen, sondern in Koranschulen. Aber da gibt es auch Zwischenwege. Im Erlanger Modell haben wir örtliche

Muslime eingebunden, liberale Muslime und Leute, die in den Moscheen wichtig sind und dort um Vertrauen werben, damit die Kinder in den staatlich organisierten Islamunterricht gehen. Das ist ein schwieriger und rechtlich dornenreicher Weg. Denn der Staat erkennt die Hoheit der anderen Religion und Kultur nicht an, sondern erwartet, dass die sich unseren Vorstellungen ein Stück weit anpassen.

KÜNAST: Ich sehe die Problematik bei den Lehrstühlen. Aber es ist richtig und wichtig, dass es die Lehrstühle gibt und dass jenseits von autoritären oder orthodoxen Deutungen des Islam auch andere entstehen können. Vielleicht haben sie ihre Wirkung auch erst in 10, 20, 30 Jahren, weil neue Entwicklungen ihre Zeit brauchen. Immerhin gibt es hier die Chance, von der starken Bindung an das türkische Religionsministerium unabhängig zu werden. Ob dies geschieht, entscheiden natürlich nicht wir.

BECKSTEIN: Kritisch scheint mir, dass DİTİB in ein paar Bundesländern, übrigens immer mit grüner Regierungsbeteiligung, anerkannt wurde, in Nordrhein-Westfalen und in Hessen gar als öffentlich-rechtliche Körperschaft. Mittlerweile wird die Zusammenarbeit teilweise nicht mehr fortgesetzt, weil die Organisation schlicht aus Ankara ferngesteuert wird.

KÜNAST: Das ist ein Problem. Die enge Verbindung mit dem türkischen Staat ist bei DİTİB ein Hindernis für weitere Entwicklungen. Die Lage ist zudem in Bezug auf die Anerkennung als Körperschaft des öffentlichen Rechts schwierig. Volker Beck und ich haben uns sehr darum bemüht. Auch der Berliner Senat ist auf diese Gruppen zugegangen und hat die tatbestandlichen Voraussetzungen für die Anerkennung als Körperschaft des öffentlichen Rechts erklärt. Aber es geht nicht voran. Wir können Hilfe anbieten, aber wir werden nicht unsere gesetzlichen Voraussetzungen dafür ändern.

Wulff hat 2010 sinngemäß kritisiert, dass, wer Ahmet oder Mohammed heißt, wesentlich geringere Chancen hat, eine Wohnung oder einen Job zu bekommen, als jemand, der Sven oder Martin heißt. Ist Diskriminierung ein gesellschaftliches Problem?

KÜNAST: Das wissen wir doch seit Jahrzehnten. Im Alltag, bei Bewerbungen für Jobs oder bei der Wohnungssuche werden Menschen mit migrantischem Namen nach wie vor diskriminiert. Ich habe das beeindruckende Buch »Sprache und Sein« von Kübra Gümüşay, die einen Hidschab trägt, gelesen. Sie zeigt, wie Diskriminierung über Sprache passiert und wie sich Muslima dann in ihnen zugeschriebenen Rollen wiederfinden, eben weil es diese sprachlichen Zuordnungen gibt. In dem Buch habe ich meine Geschichte an manchen Stellen wiedergefunden. Ich war die Erste in der ganzen Familie, die zur Realschule ging, und mein Vater sagte: »Das Mädchen heiratet ja doch, das macht keinen Sinn.« Das war die Rollenzuweisung, gegen die ich mich wehren musste.

BECKSTEIN: Ob Integration gelingt, hängt eben von der Mehrheitsgesellschaft genauso ab wie von den Migranten. Was heißt Integration? Ich habe ein Beispiel, es war der letzte offizielle Termin, den ich als Ministerpräsident hatte. Ich besuchte eine kleine Feuerwehr in Niederbayern. Der Feuerwehrkommandant hat jeden vorgestellt. Und beim Letzten sagte er: »Das ist der Ali, unser Türke.« Ich fragte: »Und, ist der in Ordnung?« Der Kommandant antwortete: »Ja, der ist insgesamt in Ordnung, aber er hat zwei Fehler: Er trinkt keinen Alkohol und isst keine Schweinswürste.«

Dieser Ali ist für mich das Musterbeispiel für gelungene Integration. Er hat seine kulturelle Prägung bewahrt, aber macht Dienst bei der Feuerwehr und ist voll in den Ort integriert. Wenn er eine Wohnung sucht, hat er keine Schwierigkeiten – weil jeder weiß, das ist einer von uns. Das ist auch in der Großstadt anders als früher. Wir haben in Nürnberg 40 Prozent Zuwanderungshintergrund. Ein russischer oder arabischer Name führt nicht automatisch dazu, keine Wohnung zu bekommen. Es ist aber möglich, dass eine Sprechstundenhilfe, die sich mit Kopftuch um eine Stelle in einer Arztpraxis bewirbt, unter Umständen abgelehnt wird. Damit muss sie rechnen, weil das Kopftuch zeigt, dass sie sich nicht integriert.

Wenn eine Frau sich für einen Job bewirbt und ein Kopftuch trägt, muss sie sich nicht wundern, wenn sie den Job nicht bekommt? Ist das kein Zeichen für Muslimfeindlichkeit?

KÜNAST: Dass dies zwingend ein Zeichen für fehlende Integration ist, stimmt nicht. Und ja, sie hat Grund sich zu wundern. Die Frage ist doch, ob sie qualifiziert ist und leistet, was sie an dieser Stelle leisten soll. Da kann es durchaus vertrauenerweckend sein, wenn es mehr Angestellte unterschiedlicher Herkünfte gibt. Es kann gut für die Arztpraxis sein, dass eine Sprechstundenhilfe Kopftuch trägt. Wo ist das Problem?

BECKSTEIN: Das Beispiel mit der Sprechstundenhilfe und dem Kopftuch kenne ich von einem Arzt in meiner Umgebung, der Türke ist. Er will keine Sprechstundenhilfe mit Kopftuch, weil das Ausdruck eines bestimmten Fundamentalismus ist, der nicht zu seiner liberalen Einstellung passt.

KÜNAST: Wenn man selbst von dort stammt, ist die Empfindlichkeit besonders groß. Und wir wissen ja auch, dass das Kopftuch auch Ausdruck der Unterdrückung der Frau sein kann. Es ist insofern sein Recht, ein Problem mit dem Kopftuch als Zeichen zu haben.

Aber ist es akzeptabel, wegen eines Kopftuchs bei der Arbeitsplatzsuche benachteiligt zu werden?

KÜNAST: Nein, das ist nicht akzeptabel. Sie würde auch einen Arbeitsgerichtsprozess gewinnen. Bei Jobs darf das laut Gesetz keine Rolle spielen.

BECKSTEIN: Er findet schon einen anderen Grund.

KÜNAST: Nehmen wir ein anderes Beispiel. Es gab eine Debatte um eine Referendarin bei der Staatsanwaltschaft in Berlin, die vor Gericht mit Kopftuch aufgetreten ist. Das hat bei CDU und SPD in Berlin enorme Aufregung verursacht – und ich verstehe nicht, warum. Laut Bundesverfassungsgericht darf man hoheitliche Aufgaben wegen des

»Multikulti« und Islam

staatlichen Neutralitätsgebots nicht mit Kopftuch ausüben. In dem konkreten Fall trug die Rechtsreferendarin ein Kopftuch. Sie muss für das zweite Staatsexamen verschiedene Stationen durchlaufen und auch die sogenannte Sitzungsvertretung als Staatsanwältin machen, also im Strafprozess die Anklageschrift verlesen, Fragen an Zeugen stellen und plädieren. Justizsenator Behrendt hat geregelt, dass neben ihr der Ausbilder sitzt, der die hoheitliche Macht verkörpert. Das gehört zwingend zur Ausbildung, und ich finde, dass es der Integration dient, wenn man den Abschluss der Ausbildung auch ermöglicht. Nach dem zweiten Staatsexamen kann sie als Anwältin oder Juristin in einem Unternehmen arbeiten – aber nicht mit Kopftuch hoheitliche Aufgaben wahrnehmen. Das ist eine praktikable Regelung.

BECKSTEIN: Ich finde es bemerkenswert, Frau Künast, dass Sie es akzeptieren, dass die Polizistin, die Staatsanwältin, dass die Richterin, vielleicht die Lehrerin kein Kopftuch tragen darf.

KÜNAST: So ist erst mal die Rechtslage. Wenn ich auch denke, dass sich das vielleicht in einem Einwanderungsland nicht ewig halten wird, bin ich persönlich damit einverstanden.

BECKSTEIN: Das gefällt mir sehr gut.

KÜNAST: Freuen Sie sich nicht zu früh. Das Neutralitätsgebot gilt für alle, bitteschön. Es gilt also auch für das Kreuz in bayerischen Amtsstuben. Man muss es schon zu Ende denken.

BECKSTEIN: Die Frage des Kreuzes ist in Bayern per Gesetz geregelt und juristisch akzeptiert worden. Wenn jemand verlangt, dass das Kreuz abgehängt wird, wird es abgehängt. Dem Neutralitätsgebot wird da also vollkommen genügt.

KÜNAST: Das ist doch kurios, dass man erst danach fragen muss. Ich finde, es ist eine Zumutung, jemanden in diese Rolle zu zwingen. Man muss schon mit allen Symbolen gleich verfahren. Sonst haben im Gerichtssaal nur Angehörige einer bestimmten Religion das Privileg, ihr Bekenntnis demonstrieren zu können – es sei denn, jemand widerspricht ausdrücklich.

BECKSTEIN: Deshalb gefällt mir diese Regelung. Sie ist eben nicht Multikulti, sondern Leitkultur. Die christliche Religion hat uns jahrhundertelang geprägt. Bei uns in Bayern ist – anders als in Berlin – immer noch eine Mehrheit von 60 Prozent in der Kirche.

KÜNAST: Aber unser aller Grundgesetz ist das eines säkularen Staates.

BECKSTEIN: Auch im Grundgesetz gibt es den Gottesbezug – und zwar nicht auf Allah, sondern auf den Gott der Christen. Es gibt bei uns bestimmte christliche Prägungen. Das beginnt bei den Feiertagen wie Pfingstmontag und Karfreitag und reicht von der Kirchensteuer bis zur Privilegierung der Kirchen im sozialen Bereich.

KÜNAST: Das berühmte Diktum des Verfassungsrichters und bekennenden Katholiken Ernst-Ludwig Böckenförde lautet: »Der freiheitliche, säkularisierte Staat lebt von Voraussetzungen, die er selbst nicht garantieren kann.« Wir sind ein säkularer Staat.

Wie groß sind die Differenzen 2020 zwischen Union und Grünen in den Fragen von Asyl und Zuwanderung?

KÜNAST: Wir sehen mehr als früher auch die deutschen Interessen und darüber die Chance, Einwanderung zu regeln. Wir wollen ein Punktesystem, das dafür sorgt, dass auch der Koch und nicht nur die IT-Spezialistin kommen kann. Zu Multikulti hatten wir Grünen eine lange, differenzierte Debatte. Insofern kann man schon sagen: Die Unterschiede sind kleiner geworden. Sie bestehen stärker im Flüchtlingsbereich.

BECKSTEIN: Es gibt noch deutliche Unterschiede zwischen der Union und den Grünen. Aber sie haben sich ein großes Stück verringert. Und zwar von beiden Seiten. Die Union sieht die Einwanderung in der Zwischenzeit lockerer. Wir brauchen Facharbeiter, aber auch Pflegekräfte, die aus der Ukraine oder Weißrussland zu uns kommen. Aber auch die Grünen haben sich verändert. Auch sie wissen, dass nicht jeder Flüchtling der Welt in Deutschland aufgenommen werden kann. In wesentlichen Grundzügen sind wir jedenfalls nicht mehr so weit auseinander, dass dies ein echtes Hindernis für eine Koalition wäre.

»Das System
hat sich bewährt.«

KAPITEL 7

Krise der Demokratie und Bürgerbeteiligung

Geringe Wahlbeteiligungen und die Erfolge antidemokratischer Parteien lassen sich als Zeichen einer Erschütterung der repräsentativen Demokratie lesen. Wie tief ist diese Krise?

KÜNAST: Wir werden im digitalen Zeitalter mit Informationen überschüttet. Und mit Desinformationen. Daran haben das Internet und Social Media mit ihren Algorithmen einen großen Anteil. Es geht weg von den Fakten, hin zu Emotionalisierung oder gar Hate Speech und Fake News. Damit werden riesige Profite gemacht. Wir erleben auf der einen Seite eine Aufheizung, auf der anderen Seite wächst das Desinteresse. Auch die Globalisierung spielt hier eine Rolle. Sie begünstigt Intransparenz, Bezüge und Beziehungen werden undurchschaubar. Die repräsentative Demokratie braucht deshalb eine Art Update.

BECKSTEIN: Unsere repräsentative Demokratie hat sich insgesamt doch sehr gut bewährt. Aber es gibt ganz eindeutige Zeichen, dass viele das anders sehen. Das reicht von Pegida bis zu Coronaleugnern. Aber auch Fridays for Future zeigt, dass es einen gestiegenen Anteil von Menschen gibt, die sich nicht mehr ohne Weiteres von den Parteien und Parlamenten repräsentiert fühlen. Insofern haben wir eine Krise. Bei den letzten Kommunalwahlen in Bayern gab es zwar sehr viele Bewerber, aber das ist nicht mehr die Regel. Dass es nicht mehr genug Interesse an Ortsbeiräten oder Bürgermeisterämtern gibt, ist Ausdruck dieser Entfremdung. Dazu kommt, dass die Parteien seit zwei Jahrzehnten stetig an Mitgliedern verloren haben. Jetzt können Sie, Frau Künast, sagen: »Die Grünen wachsen aber.« Das stimmt, doch die Grünen sind immer noch eine kleine Partei. Die CSU hat in Bayern noch wesentlich mehr Mitglieder als die Grünen bundesweit. Und die Parteien, auch die Grünen, die sich zu einer etablierten Partei entwickelt haben, haben nicht mehr die Fähigkeit, alle Menschen in unserem Land zu erreichen.

Ist die Verachtung der politischen Klasse gestiegen?

KÜNAST: Ja, leider. Die sozialen Medien befördern das zweifelsohne. Dahinter stehen aber oft vernetzte Rechtsextreme, die unser demokratisches System abschaffen wollen. Es geht nicht nur um Politiker- oder Politikerinnenverdruss. Die Behauptung, man würde in einer Diktatur leben oder alle Politiker würden in die eigene Tasche wirtschaften, sind noch die dezentesten Beleidigungen.

Inwiefern ist das neu?

KÜNAST: In dieser Art ist es neu. Im Rechtsextremismus gab es seit Mitte der 90er-Jahre das Ziel: raus aus Bomberjacke und Springerstiefel, rein in das Bürgerliche – White-collar-Rechtsextremismus. Die Zeitung »Junge Freiheit« veranschaulicht diese Entwicklung. Nach dem Trump-Wahlkampf 2016 und dem Brexit haben die funktionalisierte Politikerverachtung sowie die allgemeine Aufheizung in den sozialen Medien, und damit auch in der analogen Welt, stark zugenommen. Einige haben lange davor gewarnt, andere wollten es partout nicht sehen und glaubten blind für aktuelle Entwicklungen an die Hufeisentheorie, also dass rechts und links das Gleiche sind. Erst jetzt beginnt man auch in den Sicherheitsbehörden, den Rechtsextremismus systematisch zu bekämpfen. Erst jetzt versteht man, dass westdeutsche Rechtsextreme systematisch in die neuen Bundesländer gegangen sind. Sie wollen ein autoritäres System schaffen. Deswegen werden nicht nur Politikerinnen und Politiker angegriffen, sondern auch Richterinnen und Richter, die Regierung. Der Angriff richtet sich auf unsere demokratische Struktur, auf Legislative, Exekutive, Judikative und Medien.

BECKSTEIN: Die Justiz kommt bei diesen Angriffen noch relativ ungeschoren davon. Dafür wird die vierte Gewalt, werden die Medien, in einer Weise angegriffen, die es so noch nie gab. Stichwort »Lügenpresse«.

KÜNAST: Man konnte das bei dem Shitstorm gegen den WDR und »Meine Oma fährt im Hühnerstall Motorrad« sehen.

Es ging um einen Kinderchor, der auf die bekannte Melodie »Meine Oma ist 'ne alte Umweltsau« gesungen hat.

Krise der Demokratie und Bürgerbeteiligung

Dafür hat sich nach Protesten der Intendant des WDR entschuldigt.

KÜNAST: Das war eine orchestrierte Kampagne von rechten Netzwerken.

BECKSTEIN: Ich habe mich nicht am Shitstorm beteiligt, fand den Vorfall aber auch unerhört, Satire hin oder her. Es mag rechte Shitstorms geben – die Uniformität der Leitmedien ist aber tatsächlich ein Problem. Bei der Berichterstattung über Corona war in allen Medien das Gleiche zu lesen und zu hören. Ich stelle heute fest, dass die erste und vornehmste Aufgabe des Journalismus nicht mehr in ausreichendem Maße erledigt wird, nämlich die Dinge von mehreren Seiten zu beleuchten und dem Leser die eigene Meinungsbildung zu ermöglichen: durch eine rundum neutrale und differenzierte Analyse. Dieser intellektuelle Anspruch von früher ist verloren gegangen. Stattdessen springen viele Journalisten, teilweise ohne es überhaupt noch zu bemerken, auf den Zug des Social-Media-Zeitgeists auf: Dramatisierung, Emotionalisierung und bisweilen sogar Polarisierung. Da nehme ich selbst die etabliertesten Blätter nicht aus. Manchmal muss ich bei bestimmten Zeitungen während der Lektüre noch mal nachschauen, ob ich nicht den »Vorwärts« in der Hand habe. Noch schwieriger ist es bei den öffentlich-rechtlichen Rundfunkanstalten: Eine Umfrage bei den Volontären, also den Nachwuchsjournalisten, hat ergeben, dass fast 60 Prozent grün, fast 25 Prozent die Linke wählen würden. Die Union würde es nicht einmal mehr über die Fünf-Prozent-Hürde schaffen. Dass da Vorwürfe der Parteilichkeit aufkommen und auch berechtigt sind, liegt für mich auf der Hand. Der Qualitätsjournalismus hat gelitten. Ich räume aber ein: Das hängt wohl auch mit der schwankenden wirtschaftlichen Basis vieler Printmedien zusammen.

KÜNAST: Da schütten Sie jetzt aber das Kind mit dem Bade aus! Jetzt beziehen Sie sich auf Umfragen bei Volontären? Hätten Sie dann vor Jahrzehnten den Journalismus kritisiert, weil so viele Journalistinnen und Journalisten CDU oder CSU wählten? Ihre These geht fehl, Qualitätsjournalismus ist von Parteien unabhängig.

Ich sehe andere Probleme. Medien haben es lange verpasst, den neuen Plattformen, ihren Nutzungs- und Erregungsmustern die notwendige Aufmerksamkeit zukommen zu lassen und sie gründlich zu analysieren. Sie waren da zu gutgläubig. Der grundlegende Strukturwandel infolge der Digitalisierung ermöglicht es Social-Media-Plattformen, billig Inhalte abzugreifen. Sie behaupten keine Medien zu sein, bauen aber faktisch Informations- und Kommunikationssysteme auf, die höchst attraktiv für Werbegelder sind. Den Zeitungen wird so finanziell das Wasser abgegraben – gleichzeitig gelten für Plattformen nicht der Pressekodex oder das Pressegesetz. Im Netz kann jemand ein Zitat von mir erfinden und verbreiten. Wenn das in einer Zeitung stünde, könnte ich einfach dagegen klagen. Bei Facebook oder Twitter wird das schwierig. Zudem ist bei den Plattformen oft kaum erkennbar, wer für Inhalte zahlt. Damit wird auch das hinter bestimmten Kampagnen liegende Interesse verdeckt. Beim Brexit zum Beispiel wurden sie von einzelnen Personen finanziert, ohne dass den Usern klar gewesen wäre, wer da aus welchen Interessen handelt. Diese Struktur, die Stimmungen und Fälschungen fördert, stellt die Demo-

Krise der Demokratie und Bürgerbeteiligung

kratie unter enormen Druck. Wir haben dagegen mit dem NetzDG, eigentlich »Gesetz zur Verbesserung der Rechtsdurchsetzung in sozialen Netzwerken«, auch »Facebook-Gesetz« genannt, einen Anfang gemacht. Wir brauchen ähnliche Regelungen in ganz Europa, die die Anbieter in Haftung nehmen. Das Ziel muss sein, dass Plattformen wie Facebook, YouTube, Twitter die Inhalte kontrollieren und nicht länger sagen können: »Wir schaffen eine Plattform, sorgen für massenhafte Verbreitung, kassieren die Werbegelder – aber für das, was da eigentlich gepostet wird, übernehmen wir keine Verantwortung.« Angesichts der Milliardengewinne der Branche ist das nötig. Natürlich braucht es zudem eine europaweite Meldepflicht, damit durch Strafverfolgung eine klare rote Linie gezogen wird. Ein weiterer Aspekt ist die Interoperabilität statt Abhängigkeit: Plattformen sollen keine geschlossenen Netzwerke mehr sein, sondern den Austausch mit anderen ermöglichen müssen. Dann könnte mir zum Beispiel Herr Beckstein auch dann eine Nachricht schreiben, »Frau Künast, wo finde ich den Aufnahmeantrag der Grünen?«, wenn ich nur Threema benutze.

BECKSTEIN: Auf diese Nachricht werden Sie vergeblich warten, Interoperabilität hin oder her. Aber Social Media ist problematisch, das sehe ich auch so. Ein wichtiger Punkt ist hier allerdings auch die Medienerziehung. Die stellt Eltern und Lehrer vor große Herausforderungen. Die Menschen müssen den demokratischen Prozess von Argument und Gegenargument lernen. Sie müssen kritisch mit sozialen Medien umgehen lernen, sich also Social-Media-Kompetenz aneignen.

KÜNAST: Es ist gut, darüber zu diskutieren. Aber wenn wir die Regeln für die Social-Media-Plattformen nicht verändern, dann stehen die Einzelnen mit ihrer Social-Media-Kompetenz einflussreichen globalen Konzernen hilflos gegenüber. Wir müssen ihre Marktmacht stark begrenzen, die Strukturen ändern. Hoffentlich ist es nicht zu spät, ein europäisches Netzwerk zu schaffen. 63 Prozent der Frauen sagen heute, dass sie im Internet ihre Meinung nicht äußern wollen, weil sie einen Shitstorm fürchten. Das ist ein demokratisches Defizit.

Die Krisensymptome der repräsentativen Demokratie sind unübersehbar. Sind mehr Volksentscheide ein wirksames Gegenmittel? Oder hat der Brexit gezeigt, dass solche Formen direkter Demokratie die Erosion des politischen Systems eher beschleunigen?

BECKSTEIN: Mehr Beteiligung der Bürger in der Kommune, Bürgerentscheide, Bürgerbegehren, Volksbegehren, Volksentscheide helfen. Wir haben in Bayern lange positive Erfahrungen mit Volksentscheiden gemacht. Die haben wir als CSU zwar alle verloren. Aber das war die Voraussetzung dafür, dass wir danach wieder absolute Mehrheiten gekriegt haben.

Diese Art bayerischer Dialektik müssen Sie erklären.

BECKSTEIN: Das erste Volksbegehren zielte in den 50er-Jahren auf die Abschaffung der Bekenntnisschule. Die CSU war stark an die katholische Kirche gebunden, doch die Bekenntnisschule war veraltet. Das Volksbegehren, initiiert

Krise der Demokratie und Bürgerbeteiligung

auch von der FDP, hat die CSU verloren. Danach wurde die christliche Gemeinschaftsschule eingeführt. Bei der nächsten Wahl war die CSU wieder mit Abstand stärkste Partei. Dieses Muster hat sich später bei Volksbegehren wie dem zur Müllentsorgung wiederholt. Ähnliches Beispiel in Nürnberg: Die Linke hat für ein 365-Euro-Ticket im Nahverkehr 23.000 Unterschriften gesammelt, die CSU hat das übernommen. Die Bürger können bei einzelnen Themen eingreifen und sind dann wieder mit der Regierung insgesamt zufrieden.

Ein Vorbehalt gegen Bürgerbeteiligung lautete, dass die Bürger das Geld zum Fenster rauswerfen. Das ist falsch. Ich war als Innenminister in Bayern für die Kommunalpolitik zuständig. Die Bürger sind in aller Regel sparsamer als die Stadträte und vor allem die Bürgermeister. Der Bürgermeister will gern ein neues Rathaus, die Stadträte wollen ein neues Stadion, eine neue Konzerthalle, einen neuen Versammlungsraum. Die Bürger sind da eher skeptisch. Allein die Tatsache, dass ein Instrument wie der Bürgerentscheid existiert, hat eine segensreiche Wirkung, weil Politiker und Behörden sich besser überlegen, was sie tun.

KÜNAST: Noch schöner wäre es natürlich, Regierungen und Parlamente würden ihre Hausaufgaben machen, sodass die Bevölkerung gar nicht erst eingreifen muss. Das Bienen-Volksbegehren in Bayern hat ja gezeigt: Die ÖDP und auch die Grünen starten ein Volksbegehren gegen die Vernichtung der Artenvielfalt. Die CSU merkt, dass dieses Volksbegehren durch die Decke geht. Im Parlament inszeniert man sich dann als die Spitze der Bewegung. Nach dem Motto: Wir haben's schon immer gesagt. Da werden über

60 Jahre Regierungsverantwortung einfach beiseitegeschoben. Ich kenne keine Partei, die sich so spontan in zwei Ichs aufteilen kann.

Lässt sich das System Volksbegehren eins zu eins auf die Bundesebene übertragen?

BECKSTEIN: Die CSU ist auch für Volksentscheide auf Bundesebene. Ich kenne die Gegenargumente, die auch viele in der CDU vertreten. Mit einem Volksentscheid hätte es wahrscheinlich keinen Euro gegeben, keine Bundeswehr, keinen Beitritt zur NATO. Volksentscheide auf Bundesebene können trotzdem sinnvoll sein, wenn Fragen der Außenpolitik ausgeschlossen sind, wenn ein längerer, sorgfältiger Meinungsbildungsprozess stattfindet und eine Revision möglich ist. Es kann nicht sein, dass eine knappe Entscheidung wie beim Brexit in alle Ewigkeit gilt. Aber die Elemente der direkten Demokratie, wie wir sie in Bayern seit vielen Jahren kennen, sind auch auf nationaler Ebene sinnvolle Ergänzungen.

KÜNAST: Ich war früher extrem begeistert von der Idee von Volksentscheiden auf Bundesebene. Aber nach einer juristischen Vorprüfung zeigte sich, dass das außerordentlich schwierig umsetzbar wäre. Was, wenn ein Volksentscheid massive finanzielle Folgen hat? Was, wenn er mit anderen Haushaltsentscheidungen, Gesetzen einschließlich des europäischen Rechts kollidiert? Die Frage, was entscheidungsfähig ist, ist nicht banal, weil die Vernetzungen so stark sind. Der Brexit ist doch auch ernüchternd. Wenn am Ende gewinnt, wer zu Hause und international mehr Geld beschafft hat, mehr mobilisiert und emotionalisiert, dann ist mir persönlich das Repräsentative lieber. Und sicherer. Dieses System mit Checks and Balances hat sich im Prinzip bewährt.

> Ich erinnere an einen Volksentscheid in Hamburg zu einer schulpolitischen Frage: SPD, CDU und Grüne wollten sechs Jahre gemeinsames Lernen in der Grundschule einführen, scheiterten aber bei dem Volksentscheid an einer organisierten, finanziell gut ausgestatteten Kampagne. Wie groß ist die Gefahr, dass Lobbygruppen solche Volksentscheide beeinflussen?

BECKSTEIN: Theoretisch gibt es die Gefahr, aber praktisch nehme ich das nicht ernst. Ich bezweifle, dass professionell gestaltete Kampagnen und viele Plakate das Wahlverhalten entscheidend ändern.

KÜNAST: Oh doch, diese Gefahr existiert. Auf die Brexit-Kampagne haben Menschen aus den USA und Russland Einfluss genommen. In Kalifornien gibt es so etwas wie eine Volksentscheid-Industrie, die Studentinnen und Studenten anheuert, die einen Dollar pro Unterschrift bekommen. Das ist Missbrauch, nicht Demokratie. In digitalen Zeiten ist da noch mehr Vorsicht geboten. Auf Landesebene haben wir in Berlin per Volksentscheid über die Frage einer Wohnbebauung des Tempelhofer Feldes entschieden. Für dieses Thema war das Instrument bestens geeignet. Aber wenn es um einen Landeshaushalt geht oder einen neuen Strafrechtsparagrafen auf Bundesebene oder gar die Frage des Verbleibs Deutschlands in der EU, ist das vollkommen anders.

Kapitel 7

BECKSTEIN: Das ist interessant. Die Grünen haben sehr lange und vehement vertreten, dass Volksentscheide auf Bundesebene möglich sein sollen. Die Grünen in Hamburg haben mich mal eingeladen, weil ich Volksentscheide unterstützt habe, die CDU Hamburg wollte die nicht. Die Grünen haben mich bei dem Thema für einen der wenigen gehalten, die in der Union eine sichere Bank sind. Jetzt haben die Grünen ihre Haltung verändert. Was ich jetzt sage, wird Sie ärgern: Nach meiner Erfahrung spielt bei Volksentscheiden nicht das Geld der großen Konzerne die entscheidende Rolle. Die Bürger sind einfach konservativer als die Mandatsträger. Die Mandatsträger sind offener für Veränderungen als die Bürger.

KÜNAST: Wir Grünen haben unsere Haltung zu Volksentscheiden im Bund geändert. Das ist nicht ganz neu. Ich persönlich habe aber zum Beispiel als Enquete-Vorsitzende und Fraktionsvorsitzende dafür gesorgt, dass in der Berliner Verfassung Volksentscheide ermöglicht wurden. Ich habe als Ministerin für Verbraucherinformationsgesetze gesorgt – gegen den erbitterten Widerstand von CDU/CSU und zum Teil von der SPD. Da lasse ich mich nicht übertrumpfen. Wenn wir ehrlich sind, Herr Beckstein, ist da keine Grenze zwischen uns. Kein vernünftiger Mensch kann dafür sein, per Volksentscheid mal schnell das Bürgerliche Gesetzbuch oder das Strafgesetzbuch zu verändern.

Kann alles bleiben, wie es ist?

KÜNAST: Nein, wir müssen die Bürgerbeteiligung weiterentwickeln. Es ist zum Beispiel wichtig, dass die Bürger mehr wissen dürfen. Die Akten gehören nicht dem Staat. In den letzten Jahrzehnten ist in Sachen Transparenz schon viel passiert. Wir haben nach Tschernobyl 1986 dafür gekämpft, dass die Ämter uns die radioaktive Belastung der Lebensmittel nicht nur irgendwann gnädig mitteilen, sondern dass wir informiert werden müssen. Und heute haben die Bürger das Recht auf Einsicht in Umweltinformationen. Es kann ja nicht sein, dass Behörden wissen, ob ein Schadstoff im Wasser ist, die Bürgerinnen und Bürger aber nicht. Wenn wir eine lange Linie ziehen: Früher hat der König dem Parlament gesagt, womit es sich beschäftigen durfte. An die Stelle des Königs ist das Volk getreten. Das Volk ist der Souverän. Aber über das Wissen verfügen die Regierungen. Das Informationsfreiheitsgesetz IFG war ein großer Schritt der Demokratisierung, weil es dafür sorgt, dass Bürgerinnen und Bürgern Wissen nicht mehr vorenthalten werden kann. Wir haben das schon 1998 in den Koalitionsvertrag von Rot-Grün hineingeschrieben. Und es muss weitergehen: mit breiteren Verbraucherinformationsregeln oder erweiterten Klagerechten.

BECKSTEIN: Aus meiner Zeit als Landesinnenminister weiß ich, dass die Verwaltungen dieses Gesetz immer gehasst haben. Ich bin skeptisch. Ich möchte nicht, dass Notizen, die ich in meinem Amt gemacht habe, veröffentlicht werden. Ich kann mir auch nicht vorstellen, dass Sie, Frau Künast, sich das für sich wünschen. Dann gibt es verbotene Handakten, in denen man sich Notizen macht. Im Übrigen ist das IFG ja seit Langem geltendes Recht und geltende Praxis. Dass es hilft, die akute Demokratieskepsis zu überwinden, sehe ich nicht.

KÜNAST: Ich selbst nutze das IFG immer wieder – als Privatperson. Denn so bekomme ich Informationen, die ich als Abgeordnete nicht bekäme. Kurios, aber es ist so. Ich glaube durchaus, dass dies gegen Demokratieskepsis nutzt. Denn gegen die helfen drei Dinge: Transparenz, Transparenz, Transparenz. Denn das sorgt für mehr Vertrauen in Politik. Und zwar mehr als eine Enquete-Kommission, die jahrelang arbeitet, Arbeitsstunden, Papier und Energie verbraucht, ohne dass am Ende etwas umgesetzt wird. Wenn nur diskutiert wird, aber nichts verändert, nichts umgesetzt, dann haben wir mit Zitronen gehandelt und der Verdruss wird noch größer.

Nutzen nicht nur kleine, aktive Gruppen das IFG? Ist die Informationspflicht des Staates wirklich ein Mittel, um die Distanz zwischen Regierung und Regierten zu verringern?

KÜNAST: Vor allem ist sie unser gutes Recht als Bürgerinnen und Bürger. Und mehr Transparenz kann dazu beitragen, früher kritische Auseinandersetzungen und die direkte Beteiligung der Bürger zu erzwingen. Herr Beckstein sagte, dass Volksentscheide die CSU zu bestimmten Korrekturen bewegt haben. Transparenz wirkt ähnlich. Ich habe das in meinem Wahlbezirk Tempelhof-Schöneberg vor Jahren erlebt. Es ging darum, ob eine Grundschule bleibt oder geschlossen wird. Die Behörde wollte die Schule schließen. Dagegen haben sich Bürger zur Wehr gesetzt und mit Daten der Behörden argumentiert. Sie haben die Planung geprüft und sind zu dem Ergebnis gekommen, dass die demografische Entwicklung anders verlaufen wird und dass es nach

Krise der Demokratie und Bürgerbeteiligung

einer vorläufigen Abnahme der Schülerzahlen wieder mehr schulpflichtige Kinder geben wird. Sie hatten Recht.

Es gibt viel mehr Bürger und Bürgerinnen, die diese Instrumente nutzen, als man gemeinhin so denkt. Aber es müssen ja nicht einmal vor allem Individuen von der Auskunftspflicht der Behörden und Transparenz profitieren. Es muss nicht die Altenpflegerin sein, die sich die Daten für einen Berechnungsmodus anguckt, das könnte auch eine Pflegekammer tun. Es ist eine Grundsatzfrage. Gerade in einer emotionalisierten digitalen Öffentlichkeit brauchen wir einen leichten, offenen Zugang zu den Fakten. Das schafft Nachvollziehbarkeit des Verwaltungshandelns und damit mehr Akzeptanz.

Herr Beckstein, Sie waren der Vorsitzende des ersten Bürgerrates. Ist das ein nützliches Mittel gegen Demokratiemüdigkeit?

BECKSTEIN: Ich glaube schon. Dieser Bürgerrat, der von »Mehr Demokratie« und ein paar Stiftungen gesponsert worden ist, hat mich beeindruckt. 160 zufällig ausgesuchte Bürger haben dort mit Sachkunde und Energie diskutiert, ob und wie die repräsentative Demokratie durch andere Elemente erweitert werden soll. Solche Formate sind geeignet, die Beschäftigung mit dem Gemeinwohl voranzubringen.

KÜNAST: Der Bürgerrat ist eine gute Idee. Aber er darf nicht enden wie eine Enquete-Kommission. Kluge Leute engagieren sich, am Ende landen die Empfehlungen in einer dunklen Ecke. Wir sehen als Grüne, dass Bürgerräte mit zufällig ausgewählten Mitgliedern ein guter neuer Ansatz zum Beispiel für komplizierte Transformationsprozesse sein könnten. In Berlin wird zum Beispiel gerade auch versucht, einen Klimabürgerrat zu etablieren. Die Aufgabe ist groß und mit breiterer Debatte kann es eigentlich nur besser vorangehen.

In Irland haben zufällig ausgewählte Bürger und BürgerInnen zusammen mit Politikern einen Gesetzentwurf zur »Homoehe« entworfen, der dann in einem Volksentscheid angenommen wurde. Ein Beispiel, wie wirksam Bürgerräte sein können. Ist das ein Modell?

BECKSTEIN: Es ist entscheidend, dass der Bürgerrat nur Empfehlungen abgibt.

Sind unverbindliche Empfehlungen mehr als Spielerei?

BECKSTEIN: Das ist eine zusätzliche Beteiligungsform. Die Bürgerräte sind keine Abgeordneten light, es sind zufällig ausgewählte Leute, die für einen begrenzten Zeitraum eine Fragestellung debattieren. Bei dem Bürgerrat war nur ein Beteiligter Mitglied einer Partei, nur wenige waren in Vereinen organisiert. Sie diskutieren die betreffenden Fragen mit ihrer Umgebung, mit Freunden, Arbeitskollegen, vielleicht auch mit Menschen, die ihnen zuwider sind. So bekommt das eine gewisse Breitenwirkung. Das wird die Welt nicht verändern, aber es ist ein wichtiger Mosaikstein.

»Die wahre Gefahr geht von der AfD und ihren Netzwerken aus.«

KAPITEL 8
Rechtsextremismus und NSU

Die Erfolge der AfD sind ein weiterer Ausdruck der Distanz eines Teils der Bürgerinnen und Bürger zur repräsentativen Demokratie und deren Institutionen. Damit hat sich eine rechtsextreme oder in Teilen rechtsextreme Partei in Deutschland etabliert. Ist das als Zeichen einer Krise der demokratischen Politik zu begreifen oder als bloße nachholende Normalisierung? Denn es gibt ja in all unseren Nachbarländern rechtspopulistische, rechtsautoritäre oder rechtsextreme Parteien, die Einfluss haben.

BECKSTEIN: Das ist eine Normalisierung. Aber das ändert nichts daran, dass die Union gegen die AfD entschieden vorzugehen hat. Wir haben die Aufgabe, jene, die die vermeintliche Alternative für Deutschland nur aus Protest wählen, zurückzugewinnen. Mit eingefleischten Rechtsextremisten allerdings ist in der Regel keine ernsthafte Diskussion möglich. Aber die bilden auch bei Wählern der AfD nur einen relativ kleinen Anteil.

Zeigen die AfD-Erfolge, dass die politischen Öffentlichkeiten auseinanderfallen?

BECKSTEIN: Es gibt immer einen bestimmten Bodensatz von Extremismus. Und wenn Themen Konjunktur haben, die den Rechten helfen, dann sind sie bei Wahlen erfolgreich und kriegen neun oder zehn Prozent und in den neuen Bundesländern noch mehr. Aber im Prinzip haben wir es mit einer Annäherung an den europäischen Normalzustand zu tun, ohne dass ich diese Entwicklung deshalb verharmlosen möchte. Es ist eine große Aufgabe für die demokratischen Parteien, sich mit der AfD auseinanderzusetzen. Die Stärke der Demokratie ist es, dass sie Menschen integrieren kann. Bei den Grünen sieht man das ja in besonderer Weise.

KÜNAST: Was? Wir mussten in die Demokratie integriert werden? Das ist arrogant.

BECKSTEIN: Wenn ich mich an die Anfänge der Grünen im Bayerischen Landtag in den späten 80er-Jahren erinnere, dann gab es da eine Antihaltung.

KÜNAST: Wir Grünen haben zusammen mit anderen dieses Land zum Guten verändert. Und ganz wesentlich haben wir zur weiteren Demokratisierung der Bundesrepublik in den vergangenen Jahrzehnten beigetragen. Bei der AfD ist das etwas grundlegend anderes. Der Rechtsextremismus hat erst mal nichts mit einem akuten Verdruss zu tun. Da hat sich eine politische Strömung strukturiert, die sich zuvor in Deutschland aus historischen Gründen nicht in diesem Maße organisiert hatte. Die NPD, die Republikaner, die

DVU waren immer degoutant, weil sie an den historischen Nationalsozialismus erinnert haben. Das Bürgertum ist auf Distanz geblieben. Ich habe Republikaner und DVU im Parlament erlebt. Das war eine sehr schlichte Performance. Die Attraktivität für Bürgerliche war nicht groß. Die rechte Szene hat sich inzwischen verändert und das Image von Springerstiefeln, Baseballschläger und Bomberjacke abgestreift. Die Gründung der AfD hat dabei eine zentrale Rolle gespielt. Das Professorale der Anti-Europa- und Anti-Euro-Partei hat die Sprengkraft verdeckt, die dahintersteckte. Rechtsextremisten gingen zunehmend in die AfD. Professor Lucke war Dauergast in Talkshows. Dabei hat er immer auch nach rechts außen geblinkt. Der Rest, der Rauswurf von Lucke und Petry, ist bekannt. Die Verbindung zu Pegida, zur Identitären Bewegung und anderen rechtsextremen Netzwerken war in der AfD von Beginn an vorhanden. Die Partei versucht sauber zu wirken, die Wahrheit ist jedoch eine andere. Das reicht von den Reden Bernd Höckes über Alexander Gaulands Wort über die NS-Zeit als »Vogelschiss in der Geschichte« Deutschlands, seine Drohung »Wir werden sie jagen« bis hin zur Einschleusung pöbelnder Besucher in den Bundestag und die Herabwürdigung der anderen Parteien als »Altparteien«. Das ist NS-Sprech.

BECKSTEIN: Im Bayerischen Landtag haben die Grünen uns jahrelang als »Altpartei« beschimpft ...

KÜNAST: Na gut. Danke für den Hinweis. Heute muss ich Sie noch mal provozieren: Die CDU/CSU hat zu lange den rechten Rand bedient. Manches, was Seehofer und seine Vorgänger gemacht haben, sollte dafür sorgen, dass dort keine organisierte Konkurrenz entsteht. Es war aber ein Fehler, die rechten Muster verbal zu bedienen. Man hätte stattdessen auf eine andere Strategie, auf Aufklärung und die Werbung für Respekt setzen müssen. Man hätte von Anfang an anders mit Rechtsextremismus umgehen müssen.

Hat die Union also den Fehler gemacht, die Themen der AfD zu spielen und dadurch erst recht stark zu machen?

BECKSTEIN: Bei solchen strategischen Fragen gibt es auch in der Union unterschiedliche Meinungen. Die Strategie der CSU ist bei den Republikanern und der AfD aufgegangen. Die Republikaner waren nie im Bayerischen Landtag, die AfD hat in Bayern acht Prozent erzielt, ist also bei Weitem nicht so stark, wie in den meisten anderen Bundesländern. Das zeigt, dass unser Konzept richtig ist: Wir trennen berechtigte Kritik und berechtigte Anliegen, auf die wir eingehen und die wir den Extremisten wegnehmen – und bekämpfen den Radikalismus offen mit größter Härte. Vielleicht müssen die Parteien künftig noch mehr den Mut entwickeln, den Bürgerinnen und Bürgern zu sagen: »Deine Anliegen nehmen wir ernst. Aber wenn du AfD wählst, dann wählst du nicht Protest. Du wählst eine Partei, die für die Nazis in Deutschland eine neue Heim- und Brutstätte ist. Du unterstützt, auch wenn das nicht unbedingt deine Absicht ist, einen Geist, der zu Anschlägen auf jüdische Einrichtungen führt.« Wir müssen die Bevölkerung an dieser Stelle vielleicht auch wieder mehr in die demokratische Pflicht nehmen. Als Politiker darf ich da nicht feige sein, auch nicht vor Wahlen.

KÜNAST: Bei der Union macht auch die Addition das Problem. Bei »Kinder statt Inder« vor 20 Jahren im Wahlkampf in Nordrhein-Westfalen angefangen, gab es ziemlich viele Ausrutscher. Ich halte es für eine falsche Strategie, die Methoden und Worte Rechter aufzunehmen, auch wenn das vorgeblich dazu dienen soll, sie zu bekämpfen. Dass es rechts von der Union keine demokratische Partei geben soll und die Union diesen Bereich einbinden sollte, kann ein berechtigtes und sinnvolles Interesse sein. Aber das heißt nicht, dass die Begriffe der Rechtsradikalen übernommen und fremdenfeindliche Affekte angesprochen werden dürfen.

BECKSTEIN: Die AfD ist in der Flüchtlingskrise hochgeschossen. Wir als CSU haben es stärker als die CDU als unsere Aufgabe verstanden, bei klarer Abgrenzung zum Rechtsextremismus, die demokratische Rechte einzubinden. Die muss sich bei uns geborgen fühlen. Denn wir haben neben den christlichen und den liberalen ja auch starke konservative Wurzeln. Deshalb reden wir nicht immer so akademisch wie in der Evangelischen Akademie in Berlin oder in Tutzing, sondern so, dass die Leute uns verstehen. Was ich nicht verstehen kann, ist, dass gerade in den neuen Bundesländern die Rechtsextremisten weit in das bürgerliche Milieu hineinreichen. Und das in einem Land, das die Demokratie so lange vermisst hat, das sich die Demokratie 1989 erkämpft hat. Das verunsichert mich, weil ich es nicht erklären kann.

Wie gefährlich ist der Rechtsextremismus 2020?

KÜNAST: Wir wissen aus Wilhelm Heitmeyers Studien über die »deutschen Zustände«, dass einzelne Einstellungen, die zum Rechtsextremismus gehören – von Rassismus über Antiziganismus und Antisemitismus bis zu Homophobie und Frauenfeindlichkeit –, in der gesamten Gesellschaft von über zehn Prozent der Menschen geteilt werden. Das ist ein Echoraum für die Rechtsextremen. In der DDR gab es die sogenannten Baseballschlägerjahre und zahlreiche rechtsextreme Gruppierungen, an die sich die Höckes und andere gewandt und deren Strukturen sie unterstützt haben.

BECKSTEIN: Dass es Rechtsextremismus in der Gesellschaft gibt, bestreite ich nicht. Aber wie verbreitet der ist und wie weit er reicht, da bin ich anderer Auffassung. Ich erinnere mich an eine Studie der Friedrich-Ebert-Stiftung aus dem Jahr 2006, die behauptete, ein Viertel der Bevölkerung tendiere in diese Richtung. Das habe ich für ziemlichen Blödsinn gehalten.

Laut der Studie der Friedrich-Ebert-Stiftung war ein Viertel ausländerfeindlich, hatte aber kein geschlossen rechtsextremes Weltbild.

BECKSTEIN: Ich meine schon, in der Überschrift war von »rechtsextremer Gesinnung« die Rede. Auch bei Lucke bin ich anderer Meinung. Ich habe ihn mehrfach in der Evangelischen Akademie in Tutzing getroffen und immer für einen ausgesprochenen Demokraten gehalten, auch wenn er ein Feind des Euro war. Wenn ich in andere europäische Länder wie Österreich und die Schweiz schaue, sehe ich etablierte rechte Parteien, die teilweise noch rechts von der AfD stehen. In Italien gibt es Salvini, Le Pen in Frankreich, Wilders in den Niederlanden. Die FPÖ in Österreich ist ohne jeden

Zweifel in Teilen rechtsextrem – trotzdem hat der ÖVP-Kanzler Kurz mit ihr koaliert, und trotzdem finden das die österreichischen Grünen nicht so abstoßend, dass sie nun ihrerseits nicht mit Kurz zusammengegangen wären. Das ist also europäische Normalität.

KÜNAST: Ich weiß nicht, was die Frage, welche europäische Rechtspartei am schlimmsten ist, bringen soll. Alle miteinander – durchaus wörtlich, denn sie sind von den USA bis Russland alle miteinander vernetzt – vergiften sie den Geist unserer Gesellschaften und verletzen ihre Werte. Rechtsextremismus ist immer lebensgefährlich für Menschen und Gesellschaften. Länderspezifische Nuancen hin oder her. Und das muss sich Lucke schon vorwerfen lassen, dass seine Partei immer mehr zu einer Bastion für Nazis wurde. Dabei muss insbesondere im Land des Holocaust die Demokratie stark bleiben und ihre Feinde mit aller Vehemenz zurückdrängen. Umso erschütternder ist es, wenn wir sehen, dass es nicht wenige rechtsextreme Gruppierungen auch bei der Polizei und in der Bundeswehr gibt.

Was muss im Kampf gegen Rechtsextremismus anders werden?

KÜNAST: Mich wundert, dass Gruppen, die gegen Rechtsextremismus arbeiten und sich um die Aufklärung von rechtsextremen Taten und Netzwerken kümmern, unterschreiben mussten, dass sie auf dem Boden der freiheitlich-demokratischen Grundordnung stehen, wenn sie gefördert werden wollten. Das klingt für mich nach den 70er-Jahren. Das war lange das Zeichen, dass die Gefahr von rechts nicht ernstgenommen wurde. Viele vertreten noch immer die Hufeisentheorie, der zufolge Rechts- und Linksextremismus gleich gefährlich seien. Da stehen mir die Haare zu Berge! Kein Missverständnis: Ich mache keinen Unterschied bei Gewalt. Gewalt ist Gewalt, unerheblich aus welchem Grund. Aber Rechts- und Linksextremismus sind heute nicht das Gleiche. Wir leben nicht in der Zeit der RAF, sondern in einer eines sehr breit vernetzten Rechtsextremismus. Seit 1990, seit dem rassistischen Mord an Amadeu Antonio in Eberswalde, haben Rechtsextreme über 200 Menschen ermordet. Der CDU-Regierungspräsident Walter Lübcke wurde noch vor den Angriffen in Halle und Hanau ermordet. Wir müssen fragen: Wie konnte das passieren? Warum müssen erst ein Regierungspräsident ermordet und eine Synagoge angegriffen werden, ehe manchen klar wird, dass etwas gänzlich schiefgelaufen ist? Wir haben viel zu lange gebraucht, um zu der gemeinsamen Überzeugung zu kommen, dass sich im rechtsextremen Bereich etwas Gefährliches, sogar Lebensgefährliches entwickelt hat. Warum hat die Polizei, warum haben die Sicherheitsbehörden da nicht schärfer hingeschaut, teilweise offenbar bewusst weggesehen?

BECKSTEIN: Ich halte es nicht für zutreffend zu sagen, dass erst der Kasseler Regierungspräsident ermordet werden musste, damit etwas geschieht. Der NSU zum Beispiel ist breit thematisiert worden, weil hier in der Tat das Versagen des Staates mit Händen zu greifen war. Aber in der Tat haben wir in manchen Bereichen zu spät reagiert. Schon 1980 gab es ja das Oktoberfest-Attentat. Das war die Zeit des Linksterrorismus. Das muss man bedenken. Aber der

Bayerische Ministerpräsident Strauß hat das damals – aus heutiger Sicht muss man das leider sagen – in völlig falscher Weise verharmlost. Strauß hat die Wehrsportgruppe Hoffmann für ein paar Spinner und Verrückte gehalten, die ungefährlich wären. Als die Bundesregierung die Gruppe verbot, hielt Strauß das für überflüssig. Dabei stand die Wehrsportgruppe Hoffmann schon mit dem Mord an dem Verleger und Rabbiner Shlomo Levin und seiner Lebensgefährtin Frida Poeschke, der 1980 in Erlangen begangen wurde, in enger Verbindung.

Das Oktoberfest-Attentat hielten die Sicherheitsbehörden für die Tat eines Einzeltäters. Beim Mord an Levin und Poeschke ermittelten sie erst in jüdischen Kreisen – so wie man beim NSU lange von »Döner-Morden« fabulierte. Ist das ein Muster? Warum wiederholen sich solche Fehler?

BECKSTEIN: Es gab nicht nur Fehler, sondern auch Erfolge. In München konnten wir 2003 den versuchten Sprengstoffanschlag durch Neonazis auf die Grundsteinlegung der Münchner Synagoge am 9. November verhindern. Das ist gelungen, weil wir die Täter eng überwacht haben. Die ganze Wohnung inklusive Schlafzimmer und Toilette war verwanzt. Das wurde später jedoch für rechtswidrig befunden! Aber es hat geholfen, die Tat zu vereiteln. In dem Zusammenhang habe ich damals von der »Braunen Armee Fraktion« gesprochen. Darauf hat mich der damalige SPD-Bundesinnenminister Otto Schily, der mal bei den Grünen gewesen war, angerufen und scharf gerügt: Ich könne das doch nicht mit der RAF vergleichen!

Das größte Versagen der Sicherheitsbehörden waren die Morde des NSU. Der erste Mord im Jahr 2000 an dem Blumenhändler Enver Simsek wurde nahe bei Ihrem Wohnort in Nürnberg begangen.

BECKSTEIN: Ich habe damals im Innenministerium als Erster an einen möglichen ausländerfeindlichen Hintergrund gedacht. Im NSU-Untersuchungsausschuss hatte ich den Vermerk dabei. Ich habe auf den Bericht handschriftlich eine Notiz geschrieben mit der Frage, ob ein solcher Hintergrund denkbar sei, und mit dem Auftrag, dies zu prüfen und mir zu berichten. Die Ermittler fanden aber keine Spur. Man muss sich vergegenwärtigen, dass damals niemand davon ausgegangen ist, dass das auf das Konto einer rechtsextremistischen Terrorgruppe geht. Auch die Grünen im Bayerischen Landtag und die Grünen im Bundestag nicht. Ich hatte hier einen ersten Impuls, einen Riecher, aber auch ich habe nicht erkannt, dass es eine rechtsterroristische Gruppe gegeben hat. Niemand in den Medien oder der Politik hat das damals für möglich gehalten.

KÜNAST: Ich zweifle, dass wir Terroristen mit Ahnungen begegnen sollten. Es geht um unvoreingenommene Professionalität. Es gab einfach zu wenig Bewusstsein, wie aktiv und gefährlich Rechtsextreme seit 1990 waren und sind. Von den Strategien der Ausdehnung und Vernetzung können doch wohl nicht nur die Antifa-Gruppen und einige Journalisten und Wissenschaftler gewusst haben. Warum haben die Sicherheitsbehörden so stark in Richtung Drogenmilieu und interne Auseinandersetzungen bei Ausländern ermittelt? Es gab nur einen Profiler, der die Überzeugung vertreten hat, dass man, wenn man da nicht weiterkommt, Rechtsextremisten in den Blick nehmen muss. Dass ein hessischer Verfassungsschützer in dem Internetcafé in Kassel nicht gemerkt haben will, dass ein vom NSU Ermordeter hinter der Theke lag, stärkt nicht gerade das Vertrauen in die Sicherheitsbehörden. Und leider wurde bisher die Vernetzung des NSU in keinster Weise ausreichend aufgearbeitet.

BECKSTEIN: Wie gesagt, wir haben in Bayern den höchsten Aufwand betrieben. Ich hatte die Ahnung und meine Leute sind dem nachgegangen. Als wenn's in der Situation immer so einfach wäre. Ex post kann man leicht den Zeigefinger heben. Jedenfalls möchte ich für die bayerische Seite betonen: Wir haben auch in Richtung Rechtsextremismus ermittelt.

KÜNAST: Aber zu spät. Und, heben Sie jetzt etwa den Zeigefinger?

BECKSTEIN: Nein. Wir haben bei jedem, der in den Dateien des Verfassungsschutzes im Zusammenhang mit Rechtsextremismus erfasst war, ein Alibi abgefragt – einschließlich aller Mitglieder der Republikaner. Wenn wir das im Falle einer Straftat mit möglichem linksextremen Hintergrund getan hätten und von allen Angehörigen des linksextremen Spektrums Alibis verlangt hätten – bei der Vereinigung der Verfolgten des Naziregimes oder der DKP etwa –, hätte das einen öffentlichen Aufschrei gegeben! Ich habe die Überprüfung der Republikaner damals per Ministerentscheid angeordnet. Als klar war, dass es sich um eine Mordserie handelte, habe ich darauf gedrängt, dass in alle

Richtungen ermittelt wird. Ein Richter hat sich bei mir über diese Maßnahme beschwert. Er war ein Studienkamerad von mir gewesen, ursprünglich war er bei uns in der CSU, später ist er zu den Republikanern gewechselt. Der ist nach seinem Alibi befragt worden. Er hat mich angerufen und gesagt: »Günther, spinnst du? Du kannst mich doch nicht nur, weil ich zu den Republikanern gegangen bin, wie einen potenziellen Mörder behandeln.« Wir haben die Alibis von mehr als 100 Leuten geprüft. Ohne Ergebnis.

Es musste in alle Richtungen ermittelt werden. Das ist handwerklich korrekt geschehen. Ordentliche Polizeiarbeit muss ohne Wertung erfolgen, jede Spur muss verfolgt werden. Es war richtig, auch den Verdacht eines Hintergrunds organisierter Kriminalität zu verfolgen. Wir haben in Bayern zwei türkische Polizisten in unsere Ermittlungsgruppe aufgenommen. Es war das erste Mal, dass Polizeibeamte aus der Türkei in einer Ermittlungsgruppe mitgemacht haben. Da kann man doch heute nicht ohne Weiteres sagen, die Ermittler seien ausländerfeindlich gewesen, deshalb hätten sie falsch ermittelt. Das ist ein Klischee. Es gibt Kriminalfälle mit so wenig Spuren, dass sie nur durch Zufall aufgeklärt werden. Bei der RAF gibt es, trotz aller Mühen und allen Aufwands, noch immer Morde, die bis heute nicht aufgeklärt sind.

KÜNAST: Es geht hier um mehr als die bayerischen Behörden. Es geht um Thüringen und um das Bundesamt für Verfassungsschutz, dem glücklicherweise Herr Maaßen nicht mehr vorsteht. Entscheidend ist, was wir aus dem NSU-Komplex lernen. Gibt es blinde Flecken bei den Sicherheitsbehörden und der Polizei? Es gibt Hinweise darauf. Wir müssen uns fragen, ob die Ämter effektiv organisiert sind, ob die Kontrollen funktionieren und ob das Personal ausreicht.

Herr Beckstein, sind Sie der Auffassung, dass der NSU-Fall einfach so kompliziert war, dass er für die Behörden nicht ermittelbar war? Oder sehen Sie Fehler, aus denen man etwas lernen kann?

BECKSTEIN: Die Täter waren damals unter den gegebenen Bedingungen nicht ermittelbar. Der NSU war leider verdammt professionell und hat kaum Spuren hinterlassen. Aber natürlich sind Fehler gemacht worden, etwa beim Untertauchen von Böhnhardt und Mundlos. Die Zusammenarbeit zwischen den Bundesländern war mangelhaft. Es gab Reibereien zwischen Bund und Ländern, Streit um Kompetenzen, auch zwischen dem Bundeskriminalamt und dem Landeskriminalamt. Ein schlimmer Fehler war, dass die Thüringer Sicherheitsbehörden bekannte Rechtsextremisten, die auffällig geworden waren, weil sie mit Sprengstoff hantiert hatten, aus den Dateien genommen hatten. Uwe Böhnhardt und Uwe Mundlos waren abgetaucht, die Thüringer Sicherheitsbehörden haben sie nach fünf Jahren aus den Dateien entfernt. Deshalb tauchten sie in Abfragen anderer Sicherheitsbehörden nicht auf.

KÜNAST: Das Versagen auf Datenschutz zu schieben, ist mir zu kurz gegriffen. Auf Rechtsrock-Konzerten wurde Geld für den NSU gesammelt. Das haben V-Leute des Verfassungsschutzes mitbekommen. Zu sagen, die Daten waren gelöscht, dadurch konnte man leider nichts tun, ist verantwortungslos.

BECKSTEIN: Eine besondere Problemlage hat ebenfalls eine Rolle gespielt: Der Verfassungsschutz ist in besonderer Weise Ländersache. In den meisten ostdeutschen Ländern waren die Ämter lange kaum aktionsfähig. Nach der Stasi-Vergangenheit wieder einen Inlandsgeheimdienst aufzubauen, war eine verteufelt schwierige Aufgabe. Im Westen hatten wir den unorganisierten Rechtsextremismus, etwa rechtsextremistische Bands, und lokale Versuche, Gaststätten zu kaufen, auf dem Radar. Aber Rechtsterrorismus hat sich lange niemand vorstellen können.

Ein anderer Grund – das betrifft die Aufklärung im Rückblick – ist die Vorratsdatenspeicherung. Böhnhardt und Mundlos haben sich selbst getötet. Mit der Vorratsdatenspeicherung hätten wir ermitteln können, mit wem sie davor telefoniert haben. Dann wüssten wir mehr über die Netze, die es rund um den NSU gegeben hat. Im NSU-Prozess ist ja eine ganze Reihe von Unterstützern mit angeklagt gewesen. Ich bin überzeugt, dass es weit mehr Unterstützer gegeben haben muss, als bisher bekannt sind. Das haben auch die Nebenkläger scharf kritisiert.

KÜNAST: Vorratsdatenspeicherung ist nicht die Wunderlösung. Es gibt genug Fälle, die ohne Vorratsdatenspeicherung aufgeklärt worden sind. Rechtlich ist das ein ausgesprochen komplexes Feld, bei dem auch der Europäische Gerichtshof mitentscheidet. Sie wollen unbedingt dieses ganz scharfe Schwert, aber die Vorratsdatenspeicherung ist rechtlich nicht sauber möglich und scheitert regelmäßig vor Gerichten. Die Wiederholung der Forderung verkommt dann zu Politiksimulation. Ich sehe andere Fehler. Der Bereich des nicht organisierten Rechtsextremismus wurde bei den Ermittlungen schlicht zu wenig wahrgenommen. Die Landesämter des Verfassungsschutzes und der Bundesverfassungsschutz wussten zwar einiges über die Vernetzung in den rechtsextremen Szenen. Aber es gab Fachleute außerhalb der Behörden, in Stiftungen, vor Ort, bei NGOs, in der evangelischen Kirche, die sich in der Szene weitaus besser auskannten und deren Bedrohungspotenzial schärfer sahen. Sie wurden von den Behörden aber nicht ernst genommen. Deshalb wünsche ich mir mehr Kooperation mit Vereinen, Verbänden, Fachleuten, Stiftungen.

Die Gefahr geht von rechtsextremen Netzwerken aus. Das hat sich langsam entwickelt, und wir haben es zu wenig gesehen. Ich habe im Jahr 2000 als Parteivorsitzende ziemlich vergeblich darauf hingewiesen, dass rechtsextreme Netzwerke in Jugendzentren und auf Schulhöfen erfolgreich Nachwuchs rekrutieren. Das kann man mindestens seit 20 Jahren beobachten. Stattdessen haben wir uns zwei Mal mit NPD-Verbotsverfahren aufgehalten.

Waren die beiden NPD-Verbotsverfahren von vornherein ein Irrweg, weil sie von der wirklichen Gefahr, dem netzwerkartig organisierten militanten Rechtsextremismus, ablenkten?

BECKSTEIN: Ich war an beiden Verbotsverfahren, 2003 und 2017, aktiv beteiligt und halte sie heute noch für richtig. Ich habe das Verbot massiv vorangetrieben, weil wir von Geheimdiensten wussten, dass die NPD aktiv Gewaltakte organisiert. Sie hat in einem Vorstandsbeschluss das Prinzip der sogenannten national befreiten Zonen befürwortet, sie hat Aktivisten ausgezeichnet, die mit körperlicher Gewalt auf Behinderte und Ausländer losgegangen sind. Die NPD war nicht nur ideologisch rechtsextremistisch, sie hat aktiv und gewaltsam gegen die freiheitlich-demokratische Grundordnung gekämpft. Parteien bekommen in Deutschland staatliche Gelder, sie können im Wahlkampf kostenlos im Fernsehen für sich werben. Dass der NPD das weiterhin möglich ist, ist unerträglich.

Warum sind beide Verbotsverfahren gescheitert?

BECKSTEIN: Das waren Fehlentscheidungen des Bundesverfassungsgerichts. 2003 wollte die Mehrheit der Verfassungsrichter die NPD verbieten, aber für das Verbot einer Partei ist eine Zweidrittelmehrheit notwendig. So kam es zur Einstellung des Verfahrens. Das wurde damit begründet, dass angesichts der V-Leute, die wir in der NPD-Führung hatten, kein faires Verfahren möglich sei. Wir mussten also alle V-Leute zurückziehen und durften nur noch öffentlich zugängliche Informationen verwenden. 2017 dann hat das Bundesverfassungsgericht entschieden, es sei unverhältnismäßig, die ganze Partei zu verbieten. Es reiche, per Gesetz zur Parteienfinanzierung öffentliche Gelder oder auch die kostenlosen TV-Spots zu streichen. Die NPD hatte in der Zwischenzeit auch an Bedeutung verloren und war fast bankrott.

KÜNAST: Ich war 2003 schon skeptisch. Seit Mitte der 90er hat sich der Rechtsextremismus neu organisiert, statt des Verbotsantrages wäre die Energie besser in weitere Aufklärung, Strafverfahren und Schutzmaßnahmen geflossen. Das zweite Verfahren haben weder die Grünen noch der Bun-

destag unterstützt. Am Ende befand das Bundesverfassungsgericht, dass eine reale Gefahr, dass die NPD die verfassungs-
gemäße Ordnung zerstören könnte, nicht gegeben ist. Das
war vorhersehbar. Beide Entscheidungen des Bundesverfassungsgerichts sind meiner Auffassung nach nicht falsch.
Ich hatte damals schon gemahnt, dass die wahre Gefahr
eher von der AfD und ihren Netzwerken ausgeht. Ich will
nicht darüber streiten, ob man bei einzelnen Taten jeweils
eine terroristische Gruppierung im juristischen Sinne nach
§ 129a StGB hätte erkennen müssen. Das Schwierige ist, dass
die Szene inzwischen so organisiert ist, dass eine neue Art
von Netzwerken und von Kommunikation entstanden ist.
Das haben der Fall Anders Breivik, der Anschlag von Halle,
die Morde von Christchurch und etliche andere Attentate
gezeigt. Es geht nicht mehr um feste Gruppen, sondern um
Kommunikationsstrategien und Einzeltäter, *lone wolves*, die
sich im Netz radikalisieren.

BECKSTEIN: Die Ermittlungsbehörden tun sich schwer,
wenn es keine greifbaren Organisationen gibt. Bei Parteien
ist das leichter. Wir hatten in Bayern einen V-Mann im Vorstand der Republikaner. Damit waren wir bestens informiert. Ich habe bei einer Podiumsdiskussion bei den Republikanern mal zu einem Funktionär gesagt, dass ich seine
Partei besser kenne als er. Das habe ich auch Gregor Gysi
gesagt, als der in Bayern war. Gysi hat mir gesagt: »Herr
Beckstein, das ist ja ein großer Fortschritt, dass Sie mit mir
reden. Früher hätten Sie doch mit einem Kommunisten
nicht geredet. Sie kennen mich ja nicht.« Und da habe ich
geantwortet: »Ich kann Sie beruhigen, ich lese jede Woche
Berichte über Sie.«

*Es gab eine nachrichtendienstliche Ausspähung der Links-
partei in Bayern?*

BECKSTEIN: Natürlich. Nicht der ganzen Partei, aber von
Teilen wie der Kommunistischen Plattform und der Arbeits-
gemeinschaft junger GenossInnen.
Zurück zu den Einzeltätern: Es ist schwierig, rechtlich zulässig extremistische Personen zu orten. Es ist ja nicht verboten, wenn jemand diesen Staat ablehnt. Sicherheitsbehörden tun sich bei nicht strukturierten Gruppen schwer.
Einzeltäter schlüpfen schneller durch das Raster als fest
Organisierte in Parteien. Besonders gilt das im Bereich des
Internets. Da sind staatliche Behörden lange hinterherge-
hinkt, gerade was die Aktivitäten von jüngeren Extremisten
angeht.

Man kann vonseiten der Behörden also nicht viel tun?

BECKSTEIN: Wir können und wir müssen bei der Über-
wachung des Internets sehr viel mehr tun. Da waren die
Behörden lange überfordert. Überhaupt müssen die Behörden insgesamt agiler werden. Viele nutzen zwar jetzt Plattformen wie Facebook oder Instagram. Aber alleine die Nutzung, die zudem meistens schleppend und spät erfolgt,
reicht ja nicht. Es geht um die Mentalität. Die Digitalisierung hat einen Entwicklungssprung gemacht, während die
Behörden sich eher linear entwickeln und noch Jahre nach
der Einführung der elektronischen Akte das Papier hin und
her tragen. Hier droht eine Abkoppelung der Verwaltungen
vom real existierenden Digitalismus.

KÜNAST: Mit den alten Kategorien des Strafrechts kommen wir dem neuen Phänomen nicht bei, den lose verbundenen Netzwerken. Es existieren neue Strukturen. Die Identitären, Pegida und große Teile der AfD heizen die Stimmung an, gerade auch im Netz. Gleichzeitig versucht die AfD sauber zu wirken und schließt gelegentlich halbherzig besonders Auffällige aus. Im Bereich des staatlichen Gewaltmonopols, bei Bundeswehr und Polizei, müssen wir besonderes Augenmerk darauf haben, wen wir einstellen.

BECKSTEIN: Es gibt die Regelanfrage beim Verfassungsschutz bei Polizei, Staatsanwaltschaft und Richtern. Das war ja auch einmal strittig.

KÜNAST: Ja, wir sollten aber auch wissen, wie die Polizei denkt. Ich verstehe nicht, warum sich Bundesinnenminister Seehofer und die Union so gegen eine Rassismusstudie bei der Polizei sperren. Demokratisch gesinnte Polizeibeamte können mit so einer Studie gut leben. Und die anderen müssen wir finden. Es gibt genug Vorfälle bei der Polizei und der Bundeswehr, die es nahelegen, da genau hinzuschauen. Wenn ich höre, dass bei der Bundeswehr 60.000 Schuss Munition abhandengekommen sind – da wird ja in jedem Altersheim und Krankenhaus besser auf den Medikamentenschrank aufgepasst.

Herr Beckstein, braucht man die Studie über Rassismus in der Polizei?

BECKSTEIN: In der Polizei gibt es ein breites Unbehagen, dass die Polizei in der Öffentlichkeit bei Weitem nicht mehr so respektiert wird wie früher. Uniformträger werden viel häufiger beleidigt oder angegriffen. Es ist eine Alltagserfahrung, dass Polizisten eine Schlägerei schlichten sollen und die beiden Schlägergruppen sich gegen die Polizei verbünden. Ich bin kein Polizist gewesen, aber ich war der Chef der Polizei. Ich sehe das von außen, kenne aber die Innenverhältnisse. Polizisten werden beim Einsatz mit Handys gefilmt. Danach gibt es häufig keine sachgerechte Darstellung des Vorgangs, sondern eine einseitige. Die Schläge gegen die Polizei fehlen, aber wenn sich der Polizist verteidigt, werden diese Bilder veröffentlicht. All das führt zu gruppendynamischen Prozessen, die hochproblematisch sind. Die Polizei ist in Teilen in der Gefahr, sich in eine Wagenburg zurückzuziehen, weil sie sich angegriffen fühlt. Diesen Prozess muss man sorgfältig im Auge behalten und es bedarf intensiver interner Schulungen. Es darf nicht zu Situationen wie in den USA kommen, wo die Polizei mit Gewalt auf Hilflose losgeht. Man muss sehr aufpassen, dass bei Eliteeinheiten der Bundeswehr und der Polizei keine falsche Mentalität entsteht, keine Vorstellung, dass man über dem Gesetz stehe. Die Polizei steht unter dem Gesetz. Da muss man mit Berufsvertretungen wie der Gewerkschaft der Polizei, mit Polizeipsychologen und Polizeiseelsorgern zusammenarbeiten. Eine Sonderstudie über die Polizei allerdings brauchen wir nicht.

Warum nicht? Eine wissenschaftliche Studie verschafft ja im besseren Falle neue Erkenntnisse.

BECKSTEIN: Studien zeigen keine absolute objektive Wahrheit.

KÜNAST: Herr Beckstein, Sie drücken sich. Warum machen wir dann überhaupt Studien?

BECKSTEIN: Solche Analysen haben immer nur einen begrenzten Aussagewert. Man sollte die Wissenschaft nicht überhöhen. Ich fürchte, dass in diesem gesellschaftlichen Kontext die Polizei alleine auf die Anklagebank gesetzt wird.

KÜNAST: Mir scheint eine Studie über Rassismus in der Polizei bitter nötig zu sein. Rechtsextremismus gibt es in der Polizei, beim Verfassungsschutz, in der Bevölkerung. Eine Polizeistudie ist doch keine Anfeindung der Sicherheitsbehörden, sondern ein Versuch, strukturelle Probleme zu erkennen. Darüber sollte auch auf Polizeiakademien mehr diskutiert werden.

Benötigen wir strukturelle Änderungen in den Sicherheitsbehörden, um effektiv gegen rechte Gewalt vorgehen zu können?

KÜNAST: Ja. Wir müssen den gesamten Sicherheitsbereich ganz neu strukturieren. Unser Vorschlag ist es, den Verfassungsschutz zu einer Behörde mit einem ganz engen Arbeitsauftrag zu machen, der geheimdienstliche Tätigkeiten einschließt. Auf der anderen Seite soll ein offenes Institut gegründet werden, das sich mit den gesellschaftlichen Entwicklungen auseinandersetzt und enge Kontakte mit NGOs und der Wissenschaft pflegt. Wäre das früher schon so gewesen, hätten wir die Entwicklungen im Rechtsextremismus nicht so verschlafen. Es geht aber nicht nur um eine terroristische Gruppe oder Einzeltäter. Die AfD hat ein gesellschaftliches Klima geschaffen, in dem Formulierungen hoffähig gemacht werden, die Täter ermutigen können. Der gesamte Diskurs ist weit nach rechts verrückt worden. Das strategische Argument der Rechtsradikalen lautet dabei, dass es angeblich keine Meinungsfreiheit mehr gebe, um dann gegen Frauen, Ausländer, Juden oder Schwule Hate Speech und Fake News zu verbreiten. Das gefährdet unsere Demokratie. Deshalb brauchen wir im Sicherheitsbereich einen offenen Diskurs, ein offenes Institut, das Wissen der Gesellschaft und aus dem Alltag nutzt. Nur so können Probleme frühzeitig erkannt werden. Wir brauchen keine Geheimhaltung, sondern ein funktionierendes Frühwarnsystem.

BECKSTEIN: Ich bin mehr als skeptisch. Das läuft doch auf eine Beeinflussung des demokratischen Willensbildungsprozesses durch staatliche Organe hinaus. Frau Künast, wie kommen Sie denn darauf, dass sich die öffentliche Diskussion stark nach rechts verschoben hätte? Ich beklage eine Verschiebung nach links! Wenn ich mir die Diskussionen zwischen Strauß, Wehner, Brandt vergegenwärtige, dann würden da manche Äußerungen heute schon vom Verfassungsschutz problematisiert werden. Damals waren Zuspitzungen viel eher Teil der politischen Auseinandersetzung. Franz Josef Strauß hat linke Journalisten als Ratten und Schmeißfliegen bezeichnet.

KÜNAST: Ich fand das schon damals unanständig. Es widerspricht dem ersten Satz des Grundgesetzes, Menschen so zu bezeichnen. Derlei Entwürdigungen waren im öffentlichen Raum zurückgedrängt worden, jetzt kommen sie mit aller

Macht zurück. Wenn die Würde des Menschen unantastbar ist, heißt das auch, grundsätzlich keine Menschen als »Pack« oder »Mob« zu bezeichnen. Auch keine Pegida-Anhänger, so wie es Sigmar Gabriel getan hat.

BECKSTEIN: Die politische Auseinandersetzung war früher härter. Das kann man mögen oder auch nicht. Ich glaube, dass eine harte Polarisierung für die Demokratie nicht schlimm ist, und dass politischer Meinungskampf ein wesentlicher Teil von Demokratie ist. Ich gehe sogar noch einen Schritt weiter: Möglicherweise war die härtere politische Auseinandersetzung in der Debatte ein Grund dafür, dass die Menschen damals die Demokratie nicht als weich und wehrlos empfunden haben, so wie viele das heute tun. Zumindest würde das erklären, warum die Leute von Politikern, die zuspitzen und rhetorisch manchmal auch über die Stränge schlagen, oft so angetan sind. Es ist aber auf keinen Fall die Aufgabe des Staates oder von staatlichen Behörden, sich auf eine Seite zu schlagen. Wir müssen NGOs oder Akademien oder Wissenschaftler unterstützen, die über Rechtsextremismus forschen. Aber ich will keinen neuen Verfassungsschutz, der die Menschen zu Demokraten erzieht. Das sollen bitte die Böll-Stiftung, die Adenauer-Stiftung und die Hanns-Seidel-Stiftung machen. Staatliche Eingriffe in den politischen Meinungskampf stehen einer Demokratie nicht gut zu Gesicht.

KÜNAST: Sie missverstehen mich. Ich rede nicht über Erwachsenenbildung und will niemandem was vorschreiben. Ein offenes Institut soll Informationen sammeln, zu Veranstaltungen Experten und Bevölkerung einladen, Pro und

Kontra organisieren. Die Parteistiftungen machen brillante Arbeit, haben aber trotzdem jeweils eine Parteifarbe. Eine Behörde analysiert neutral und bringt die NGOs mit dem Fachmann oder der Fachfrau von der Kriminalpolizei zusammen und vielleicht mit einem Innenminister oder einer Innenministerin. So gewinnen wir Wissen, Klarheit und vielleicht auch Engagement. In einer digitalen Gesellschaft, in der das Tempo der Meinungsbildung von Algorithmen bestimmt wird, wäre so eine Institution unbedingt nützlich.

BECKSTEIN: Wir brauchen einen Verfassungsschutz, der extremistische Bestrebungen identifiziert. Das funktioniert, wie man im Moment bei der AfD sieht. Seit bestimmte Teile der AfD unter Beobachtung des Verfassungsschutzes stehen, tut sich die AfD sehr viel schwerer, sich als die demokratische Alternative darzustellen. Die Partei hat große Sorge, insgesamt Beobachtungsobjekt des Verfassungsschutzes zu werden, weil dann ein Beamter in Bayern, der in die AfD eintritt, aus dem Dienst entfernt wird. Das hat erhebliche Auswirkungen.

KÜNAST: Für den öffentlichen Dienst trifft das zu. Aber wenn ich zum Beispiel wissen will, welche persönliche Vernetzung Alexander Gauland in CDU-Zeiten in welche Richtung hatte, erfahre ich das von NGOs, Journalisten und Wissenschaftlern früher und schneller. Der Verfassungsschutz hat den Extremismus zumeist als Letzter erkannt.

BECKSTEIN: Selbstverständlich, weil der Verfassungsschutz an rechtsstaatliche Kriterien gebunden ist. Der Staat hat eingeschränkte Mittel. So ist das im Rechtsstaat. Der Verfassungsschutz muss begründen, wenn er Zeitung liest. Er darf nicht über jedermann Zeitung lesen, er muss erst feststellen, dass es sich um einen Verdachtsfall handelt. Das ist auch gut so. Denn Behörden sind nicht dafür da, die Bürger zu überwachen. Beim Journalisten ist das anders. Der hat keine Speicherfristen. Der kann Gespräche mitschneiden.

KÜNAST: Nein, Herr Beckstein, auch ein Journalist darf natürlich niemanden abhören, das wissen Sie auch.

BECKSTEIN: Was die »Süddeutsche Zeitung« zu den »Panama Papers« veröffentlicht hat, stammt aus illegalen Quellen. Das ist unstrittig. Aber straflos.

Herr Beckstein, sind Staat und Gesellschaft ausreichend gewappnet, um Rechtsextremismus und rechtsextremer Gewalt zukünftig zu begegnen?

BECKSTEIN: Die Gefahr zunehmender rechtsextremer Gewalt ist real. Das ist ein ernsthaftes Problem, international, wie der Anschlag in Christchurch demonstrierte, aber auch bei uns, wie die Tat in Halle zeigte. Der Rechtsextremismus ist in der Geschichte der Bundesrepublik immer wieder aufgeflammt, und er wurde insgesamt in unserem Staat zu wenig beachtet. Das sage ich auch kritisch in Richtung meiner eigenen Partei, der CSU. Der Rechtsterrorismus ist im Moment ein größeres Problem als der Linksterrorismus – den man trotzdem auf dem Schirm haben muss. Auf die Gefahr hin, dass Sie, Frau Künast, mir vorwerfen, dass ich der AfD einen Persilschein ausstelle, aber meiner Kenntnis nach hat die AfD kein Problem mit dem Rechtsterrorismus.

Rechtsextremismus und NSU

Die AfD verurteilt in allen öffentlichen Stellungnahmen Gewalt. Wäre das anders, wäre die Beobachtung durch den Verfassungsschutz auch überhaupt kein Problem. Derzeit ist es noch so, dass viele Landesämter für Verfassungsschutz zögern, weil sie fürchten, dass diese Maßnahme spätestens vom Bundesverfassungsgericht aufgehoben werden könnte. Bei der NPD war das anders, die hat sich klar zur Gewalt bekannt. Die Gesellschaft muss sich mehr mit Rechtsextremisten auseinandersetzen. Das hat auch das Bundesverfassungsgericht im NPD-Urteil unterstrichen. Es ist die Aufgabe von Parteien, Kirchen, Gewerkschaften, Schulen und den Bürgern, die Auseinandersetzung mit rechtsextremistischen Verhaltensweisen hart zu führen.

KÜNAST: Ich bin mir sicher, dass immer größere Teile der AfD zum Beobachtungsfall werden. Aber sie allein ist nicht das Problem. Es ist das Netzwerk, das sich um sie ausgebildet hat – oder in dem die Partei entstanden ist. Das ist für einige lebensgefährlich. Und viele drängt es aus Angst vor dem Hass in den Rückzug. Wir stehen gesellschaftlich an einer Wegscheide.

»Unsere Aufgabe ist es nicht, Menschen Lebensentwürfe vorzuschreiben.«

***

KAPITEL 9

Sozialsysteme, Steuern, Gleichberechtigung

Studien zeigen, dass die Unterschiede beim Vermögen wachsen. Die reichsten zehn Prozent besitzen mehr als die Hälfte des Vermögens in Deutschland, die ärmere Hälfte ungefähr ein Prozent. Auch die Kluft bei den Einkommen wächst, aber nicht im gleichen Maße wie bei den Vermögen. Die Wahlbeteiligung in sogenannten abgehängten Vierteln ist gering. Wer sozial marginalisiert ist, beteiligt sich kaum noch an der Demokratie. Gefährdet wachsende Ungleichheit die Demokratie?

KÜNAST: Ja. Die Panamapapiere zeigen, dass Reiche Steuern hinterziehen, die Cum-Ex-Betrügereien liefen über lange Zeit mithilfe der Banken. Das schürt Verdruss, genauso wie wachsende Ungleichheit des Wohlstands und der Vermögen. All das aber ist noch recht abstrakt. Im Alltag gibt es Schulen ohne ordentliche Toiletten. In der Coronazeit gab es nicht nur zu wenig Laptops für Onlineunterricht, sondern auch keine Erfahrung und noch nicht einmal wirkliche Konzepte, wie er so durchzuführen ist, dass die Schüler auch wirklich etwas mitnehmen. Gerade Kinder von Hartz-IV-Beziehern haben in den Schulen nicht die gleichen Chancen wie Kinder von reicheren Eltern, die Nachhilfe und Förderung von Stärken finanzieren können. Da kommt einiges zusammen. Der Verdruss über Ungerechtigkeit reduziert die Identifikation mit Staat und Gesellschaft. Und dann gehen viele nicht mehr wählen.

BECKSTEIN: Wir erleben globale Verschiebungen von Reichtum. Die vier größten US-Konzerne sind an der Börse mehr wert als der gesamte deutsche DAX. Auch in Deutschland geht die Schere auseinander. Das ist unerfreulich. Bei den Vermögen ist der Wert allerdings stark an Sachwerte gebunden, Firmen und Grundstücke zum Beispiel. Die Preise für Grundstücke sind in den letzten Jahren explodiert. Wer in der Umgebung von München einen Bauernhof hat, ist vielfacher Millionär. Dazu kommt, dass wir 75 Jahre nach Kriegsende in einer Situation sind, in der die weitervererbten Privatvermögen immer größer werden, weil sich in den Familien Geld angehäuft hat und jede neue Generation noch ihren Anteil draufsetzt. Bei der Vererbung von Firmen legen wir Wert drauf, dass diese fortgeführt werden. Deshalb gibt es im Erbschaftssteuerrecht das Privileg, dass, wenn eine Firma zehn Jahre die Arbeitnehmer im Kern weiterbeschäftigt, weniger Erbschaftssteuer anfällt. Die Vermögensungleichheit ist zwar nicht schön, aber ich sehe da weder Handlungszwang noch Handlungsmöglichkeiten.

In Deutschland beträgt das Aufkommen bei der Erbschaftssteuer rund 3,5 Prozent, weit geringer als in Ländern wie der Schweiz. Das ist unerfreulich, aber nicht zu ändern?

KÜNAST: Die Reichen sollten in Zukunft einen größeren Beitrag für das Gemeinwesen leisten. Wie genau man das gewährleisten kann, muss man sich im Konkreten anschauen. Im Kern muss das Ziel aber sein, dass das Aufkommen der Steuern aus Kapitaleinkommen, aus großen Vermögen und großen Erbschaften deutlich höher wird und mindestens der Besteuerung von Erwerbstätigkeit entspricht. Das ist natürlich kein Selbstzweck. Wir brauchen zum Beispiel eine Steuerreform, die gesellschaftliche Ziele wie das Gemeinwohl abbildet. Wenn dann noch ökologisch schädliche Tätigkeiten stärker besteuert werden, kann das einen wirtschaftlichen Push geben und gute Jobs schaffen.

BECKSTEIN: Die Kapitalertragssteuer von 25 Prozent hat Rot-Grün eingeführt, nicht die Union.

KÜNAST: Ja, das war ein Fehler, Herr Beckstein. Wir waren in einer Koalition mit der SPD, da konnten wir leider nicht nur das umsetzen, was wir uns als Grüne gewünscht hätten. Unser Ziel ist es heute aber, das zu korrigieren und Arbeitseinkommen und Kapitalerträge mindestens gleich zu besteuern. Aktuell haben wir es ganz konkret mit den immensen Belastungen infolge der Coronapandemie zu tun. Da sprechen wir über Steuerausfälle und Mehrausgaben in Höhe von 1,9 Billionen Euro! Um das zu stemmen, müssen große Vermögen einen Beitrag zum Gemeinwesen und Gemeinwohl leisten – und zwar mehr, als sie es bisher tun. Möglich ist auch, den Spitzensteuersatz auf 49 Prozent zu erhöhen und zwar für Jahreseinkommen ab 100.000 Euro pro Person. Es gibt noch weitere ungerechte Entwicklungen, denen wir begegnen müssen. Wir brauchen zum Beispiel

Sozialsysteme, Steuern, Gleichberechtigung

eine Meldepflicht für Steuersparmodelle. Und wir müssen in der europäischen Steuerpolitik dafür sorgen, dass die Digitalkonzerne sich nicht einfach an den Orten niederlassen können, an denen sie kaum oder keine Steuern zahlen. Das gehört zu den schwierigsten Aufgaben.

BECKSTEIN: Unser wichtigstes Anliegen in der aktuellen Situation ist es, die Wirtschaft wieder zum Laufen zu bringen. Vor Corona war die Wirtschaft so stark, dass die Steuern sprudelten und es völlig absurd gewesen wäre, über Steuererhöhungen nachzudenken. Wir hatten noch nie so viel Geld wie unmittelbar vor der Pandemie. Wenn die Insolvenzregelungen wieder gelten, wird es Pleiten geben. Wir haben in der Coronakrise Milliarden in Unternehmen gepumpt. Markus Söder hat schneller eine Milliarde Euro ausgegeben als ich in meiner Zeit 100.000 Euro. Das war wegen Corona auch notwendig. Gleichzeitig reden wir über die Erhöhung von Unternehmenssteuern. Das passt doch nicht zusammen!

Und die Erhöhung des Spitzensteuersatzes?

BECKSTEIN: Auch dazu sage ich nein. Die Menschen in der EU genießen Freizügigkeit. Und wem der Spitzensteuersatz in Deutschland zu hoch wird und wer in Freilassing lebt, der zieht halt nach Salzburg um. Ich habe den Steuerwettbewerb als Regierungschef in Bayern in aller Deutlichkeit erlebt. Sowohl für Firmen als auch Einzelne in der EU ist es gerade im Internetzeitalter leicht, Steuern zu sparen. Man kann sich in seinem Zweithaus in Tirol anmelden, um damit zweistellige Millionenbeträge an Steuern zu sparen.

Ich kenne Deutsche, die sehr gut in Kitzbühel oder Monaco leben. Und große Konzerne verlegen ihren Sitz nach Irland und zahlen dann nur noch dort Steuern. Da zitiere ich den früheren SPD-Finanzminister: »Lieber 25 Prozent von x als 42 Prozent von nix!« Und heute haben wir bereits diesen Spitzensteuersatz von 42 Prozent! Die Harmonisierung der Steuern innerhalb der EU ist ein längst überfälliges, aber offensichtlich nicht lösbares Problem.

KÜNAST: Das ist nicht akzeptabel. Man kann sich nicht im Ausland um Steuern drücken und dann deutsche Straßen, Schulen oder Krankenhäuser nutzen. Wer von einem soliden System in Deutschland oder der EU lebt und die Infrastruktur nutzt, muss hier einen Beitrag leisten. Ich glaube auch nicht an die Mär vom massenhaften Exodus der Besserverdiener, wenn man sie steuerlich etwas mehr fordert. Wir sollten die Debatte öffentlich führen. Sportler, die sich aus steuerlichen Gründen ins Ausland begeben, aber hier viel Geld aus großen Werbeaufträgen verdienen, spielen nicht fair.

2022 gilt wahrscheinlich die Schuldenbremse wieder, die in der Verfassung verankert ist. Stellt sich dann die Alternative, Kürzungen der Sozialausgaben vorzunehmen oder die Einnahmesituation durch stärkere Besteuerung der Reichen zu verbessern?

KÜNAST: Kürzungen im sozialen Bereich wären nicht nur nicht zu begründen, sie wären auch hochgradig gefährlich, denn das Gerechtigkeitsgefälle würde noch ausgeprägter. Wenn wir die Sozialausgaben kürzen, kürzen wir die Chancen auf Teilhabe und Weiterbildung. Die Menschen vererben die Chancenungleichheit an ihre Kinder weiter, weil die aufgrund Geldmangels wieder von der Teilhabe ausgeschlossen sind und in der Coronazeit nicht mal einen Laptop fürs Homeschooling haben. Wir müssen stattdessen dafür sorgen, dass wichtige Jobs in der Bildung, die im Kindergarten anfängt, dass Jobs in Krankenhäusern, in der Krankenpflege und Altenpflege besser bezahlt werden. Dafür braucht es auch öffentliches Geld, etwa im Gesundheitswesen. Und: Wir müssen alle Kinder aus der Armut rausholen. Das kostet zwar Geld, bringt aber mehr Gerechtigkeit. Und die zahlt sich am Ende doppelt und dreifach aus.

BECKSTEIN: Das Wichtigste ist: Wir müssen in der Wirtschaft zu einem »V« kommen. Wenn es in der Krise steil nach unten geht, muss es danach schnell auch wieder steil nach oben gehen. Die Aussichten dafür sind gut. Die Zahlen der Automobilindustrie zum Beispiel sind überraschend positiv. Wenn das »V« gelingt und wir möglichst schnell wieder den Vor-Coronastatus erreichen, wird es kein großes Problem geben. Steuererhöhungen brauchen wir nicht. Es gibt Einsparmöglichkeiten in den staatlichen Bereichen.

KÜNAST: Selbst, wenn es ein »V« werden würde – wir nehmen doch alle alten Probleme mit. Wir haben in dem Bereich Pflege und Bildung zu wenig Personal, auch wegen miserabler Löhne. Es wäre in jeder Hinsicht grundfalsch, einfach so weiterzumachen wie vor Corona und zu denken, dann wäre alles wieder gut. »Never waste a good crisis«, soll Winston Churchill gesagt haben. Wir müssen endlich ernsthafte Strategien entwickeln, die Klimakrise und den Verlust

an Biodiversität zu bremsen. Da geht es um unsere Lebensgrundlagen! Damit das gelingen kann, müssen wir unser
Geld künftig intelligenter ausgeben und Steuern klüger er-
heben. Wir müssen raus aus dem fossilen Zeitalter und rein
in Klimainvestitionen, Bildung, Gesundheit und Pflege.
Wir müssen endlich handeln!

BECKSTEIN: Bei der Pflege haben Sie Recht. Ich sage schon
seit Jahren, dass ich nicht verstehe, warum der Mitarbeiter
in einer Autofirma am Band 40 Prozent mehr verdient als
der Pflegende auf einer Demenzstation oder in der Inten-
sivstation eines Krankenhauses. Das ist zwar deutlich besser geworden, es gab erhebliche Tarifsteigerungen. Aber die
Pflegesituation ist nicht gelöst, denn es ist unklar, wer die
Mehrkosten tragen kann. In den Heimen ist ein Mangel
an Pflegepersonal spürbar. Ich halte es für hoch problematisch, das Personal überwiegend oder sogar vollständig aus
dem Ausland auffüllen zu wollen. Ist es human, wenn der
80-Jährige von einer Frau aus Bulgarien gepflegt wird, die
kaum ein Wort Deutsch spricht? Das ist für mich grenzwer-
tig. Außerdem fehlen auch in Osteuropa Pflegekräfte. Dazu
kommt der graue Pflegemarkt. Viele wollen bewusst nicht
ins Heim und werden zu Hause gepflegt. Auch wenn die
Pflegekräfte korrekt angemeldet werden, die Arbeitszeitrege-
lung wird da nie und nimmer eingehalten. Die Pflegesituation muss grundlegend verbessert werden. Die rein technische Versorgung – sauber und satt – reicht nicht. Es geht
auch um gesellschaftliche Kontakte. Da muss mehr getan
werden.

Ist Pflege so schlecht bezahlt, weil sie weiblich ist?

Sozialsysteme, Steuern, Gleichberechtigung

KÜNAST: Ja, Erzieherinnen, Alten- oder Krankenpfleger stehen in einer Tradition der Mildtätigkeit. Das war die ehrwürdige Aufgabe der Frauen – das Modell Florence Nightingale. Frauen und die Pflege hatten viel zu lange keine starke Interessenvertretung. Auch die Gewerkschaften haben sich viel zu spät darum gekümmert. Sie waren lange viel zu sehr auf die Männererwerbslebensläufe fokussiert und auf das Modell des Mannes als Alleinernährer der Familie. Fatal, insbesondere mit Blick auf die Altersarmut.

BECKSTEIN: Ich stimme Ihnen zu, dass die schlechte Bezahlung damit zu tun hat, dass Frauen diese Arbeit verrichten. In meiner Jugendzeit war ganz klar, dass die Nonnen und Schwestern aus Rummelsberg oder Neuendettelsau den diakonischen Dienst versehen und ihren Lohn im Jenseits bekommen werden. Heute zahlt die Diakonie Löhne wie der öffentliche Dienst. Das ist eine Veränderung. Aber es gibt bei der Bezahlung nach wie vor ein Ungleichgewicht, verglichen mit der Facharbeit. Die Refinanzierung ist natürlich leichter, wenn man teure Autos verkauft. Gerade Rentnerinnen werden es schwer haben, selbst mehr für Pflege zu zahlen. Denn die Renten werden in den nächsten Jahren kleiner werden und bei den Frauen in Bayern bald niedriger sein als bei den Frauen in den östlichen Bundesländern. Warum? Weil die Frauenbeschäftigung sehr viel niedriger war als im Osten und die Löhne im landwirtschaftlichen Bereich niedrig sind. Die Renten werden durch die Demografie sinken. Der Einzelne kann bei Negativzinsen nicht mehr selbst bei der Vorsorge helfen. Da kommt ein großes Problem auf uns zu.

Im Frühsommer 2020 galten die Beschäftigten in helfenden Berufen als Coronahelden und -heldinnen. Wie wertet man diese Berufe auf?

BECKSTEIN: Nicht nur durch Klatschen und freundliche Worte. Wir können uns als Gesellschaft nicht nur ans Fenster stellen und ein Lob aussprechen. Wenn dem Beifall keine handfeste Tat in Gestalt von Geld folgt, werden wir eine unheimliche Frustration bei den Kräften im Pflegebereich erleben – und noch größere Nachwuchsprobleme als heute schon. Mein Fazit lautet daher: Die Beiträge zur Pflegeversicherung werden angehoben werden müssen.

KÜNAST: Es gibt im medizinischen Bereich ein großes Kammerwesen, von der Apothekerkammer bis zur Ärztekammer. Wir brauchen auch eine Pflegekammer. Diese Berufsgruppe benötigt eine Interessenvertretung, die sich um die Qualifikation der Pflegekräfte kümmert und die Stimme für sie erhebt – eine Voraussetzung für gute Pflege in der Zukunft.

BECKSTEIN: Mit Pflichtmitgliedschaft?

KÜNAST: Freiwillig wird nichts Wesentliches bewirkt. Im Konzert der medizinischen Berufsgruppen braucht Pflege eine starke ständische Vertretung und organisierte Weiterbildung, damit sie auf dem neuesten Stand der Erkenntnisse ist. Und Pfleger müssen auch begrenzt Rezepte ausstellen können, weil es doch ineffizient ist, zum Beispiel für Inkontinenzmaterial ein ärztliches Rezept zu brauchen. Diese Weiterentwicklung braucht aber eine Registrierung – und um die kümmert sich eine Pflegekammer.

BECKSTEIN: Ich warne vor der Pflichtmitgliedschaft. Denn das hieße auch Pflichtbeiträge. Viele der Betroffenen wollen das nicht. In Bayern ist intensiv über die Einrichtung einer Pflegekammer debattiert worden. Die Staatsregierung hat eine Umfrage unter den Pflegekräften in Auftrag gegeben. Das Ergebnis war ernüchternd: Nur die Hälfte stimmte einer Pflegekammer grundsätzlich zu. Die meisten lehnten einen Pflichtbeitrag, der für eine Kammer zu entrichten gewesen wäre, ab. Daher ist aus der bayerischen Pflegekammer auch nichts geworden.

Die Grünen wollen im Gesundheitssystem eine Bürgerversicherung einführen. Wäre das umsetzbar in einer möglichen schwarz-grünen Bundesregierung?

KÜNAST: Wir brauchen eine Bürgerversicherung und müssen den Unterschied zwischen den gesetzlichen und den privaten Kassen aufheben. Die Trennung belastet die gesetzlichen Krankenkassen enorm, weil dort überproportional finanziell aufwendige Fälle versichert sind. Das ist nicht gerecht.

BECKSTEIN: Das würde unser gesamtes System umstülpen. Im Moment funktioniert es für die Krankenhäuser gut. Sie bekommen von den privaten Krankenversicherungen relativ hohe Vergütungen – die von den gesetzlichen Kassen dagegen sind nicht leistungsgerecht. Nur durch die Mischung haben die Krankenhäuser die Mittel, Ärzte gut zu bezahlen. Ich warne eindringlich davor, dieses System aufzugeben. Die privaten Krankenkassen haben zweistellige Milliardenbeträge an Rückstellungen. Was passiert damit im Falle der

Auflösung und Fusion in eine Kasse? Die Gelder kann man nicht so leicht transferieren. Unser jetziges Gesundheitssystem ist insgesamt gesehen den Systemen in allen anderen europäischen Ländern überlegen. Es ist besser als in Italien, Spanien, England, aber auch besser als in den USA. Warum wollen Sie daran rütteln?

KÜNAST: Man wird die Bürgerversicherung ja nicht über Nacht einführen. Auch die Rückstellungen der Privaten kann man über Übergänge regeln. Wenn man will, findet man dafür eine Lösung. Eine Krankenkasse, die jedem das Nötige bietet, ist sinnvoll. Das bedeutet ja nicht, dass die Leistungen für alle gleich sind. Wer mehr zahlen will, bekommt ein Einbettzimmer oder über Zusatzversicherungen andere Leistungen. Aber die notwendige medizinische Behandlung sollte auf einem solidarischen System beruhen.

BECKSTEIN: An dieser Stelle merkt man, Frau Künast, dass Sie in Berlin leben und nicht in München. Was macht ein Arzt in Berlin, wenn die Bürgerversicherung eingeführt wird? Auf gut Berlinerisch: nüscht. Was macht ein Arzt aber in München, in der Maxvorstadt, im Lehel oder in Schwabing, wo er jeden Monat Tausende Euro Miete bezahlen muss? Er verlegt sich auf die privaten Selbstzahler, von denen es in München eine Menge gibt. Die reichen Araber, die nach München kommen, bezahlen ihre Arztrechnungen heute schon in bar. Die Bürgerversicherung würde die Spaltung im Gesundheitswesen nicht aufheben, sondern vertiefen, weil der Münchner Arzt die alte Dame um die Ecke möglicherweise nicht mehr behandelt.

Die Grünen wollen langfristig das Ehegattensplitting abschaffen. Die Union auch?

BECKSTEIN: Nein, das soll bleiben.

KÜNAST: Das ist ja eine sehr kurze Antwort. Wir wollen es umbauen und stattdessen Familien besonders fördern. Familie ist, wo verschiedene Generationen füreinander Verantwortung übernehmen. Wir wollen einen Kinderbonus. Dieser Umbau wird fließend sein. Wer schon verheiratet ist und Ehegattensplitting nutzt, hat die Wahlmöglichkeit, beim alten Ehegattensplitting zu bleiben oder zum Familiensplitting oder Familienbonus zu wechseln. Dieses System würde den veränderten Lebensentscheidungen entsprechen und zudem gerechter für Alleinerziehende sein.

Ein Argument gegen das Ehegattensplitting ist, dass es Frauen dazu ermutigt, keiner Berufstätigkeit nachzugehen. Denn umso größer der Einkommensunterschied zwischen den Ehepartnern, umso größer die steuerliche Ersparnis.

BECKSTEIN: Das leuchtet mir nicht ein. Wenn ich auf meine Familie schaue, sehe ich verschiedene Modelle. Mein Schwiegersohn ist leitender Angestellter, verdient hervorragend, die Frau ist Tierärztin und hat zwei Kinder, die aus gesundheitlichen Gründen eine intensive Betreuung benötigen. Beides Frühchen. Sie kann praktisch nicht arbeiten. Sie versucht immer wieder mal, Wochenendvertretungen als Tierärztin zu machen, aber das ist schwierig. Mein älterer Sohn arbeitet derzeit voll, aber er hat auch schon Teilzeit gemacht. Seine Frau arbeitet in Teilzeit. Weil beide im öffentlichen Dienst sind, können sie das flexibel gestalten. Mein Jüngster hat drei Kinder. Seine Frau arbeitet Vollzeit, er flexibel. Ich kenne also verschiedene Modelle. Unsere Aufgabe als Politiker ist es nicht, den Menschen Lebensentwürfe vorzuschreiben. Was sie wollen, wissen sie selbst am besten. Der Staat sollte sie dabei unterstützen. Wenn nur einer arbeitet, dann soll das Ehegattensplitting dieses Modell unterstützen. Einen Fehlanreiz kann ich nicht ernsthaft erkennen. Es bleibt niemand wegen der Steuerersparnis zu Hause.

KÜNAST: In der alten Bundesrepublik war das Ehegattensplitting Ausdruck der gesellschaftlichen Vorstellung, dass Frauen am Herd bleiben, die Kinder zu Hause erziehen und die Familiensorgearbeit machen. Es gab viel zu wenig verlässliche öffentliche Kinderbetreuung, Kindergärten nur halbtags, keine Ganztagsschulen. Das sollten ja die Frauen erledigen. Herr Beckstein, Sie haben die Folgen – niedrige Renten für Frauen wegen wenig Erwerbsarbeit – doch erkannt!

Heute sollen sich Männer und Frauen entscheiden, wie sie es machen. Die Politik soll nichts vorschreiben, sondern Strukturen schaffen, dass wirklich alle gleichermaßen frei entscheiden können, da gebe ich Ihnen völlig recht. Aber das jetzige System gewährleistet diese freie Entscheidung eben nicht! Ich streite nicht ab, dass auch Frauen freiwillig zu Hause bleiben und Kinder erziehen. Aber Frauen werden nun einmal nach wie vor deutlich schlechter bezahlt, das begünstigt es, dass sie eben zu Hause bleiben. Das ist mit ein Grund, warum Frauen eher und länger Elternzeit nehmen als Männer: Der Einkommensverlust ist bei Frauen geringer. Wenn einer der beiden Ehepartner, in der Regel die Frau, wegen Familiensorge- und Kindersorgearbeit die Berufstätigkeit verlässt, ist sie nach einer Zeit in gewisser Weise dequalifiziert. Wenn sie wieder in den Beruf einsteigt, setzt sich ihr Nachteil also fort. Wenn sich ein Paar trennt, hat diese Frau nur einen kurzen Anspruch auf Unterhalt. Das System geht in der Regel auf Kosten der Frauen.

BECKSTEIN: Ich sehe, dass im Fall des Scheiterns einer Ehe in der Regel die Frau die größeren Probleme hat. Es gibt im Beamtenbereich auch andere Fälle, aber in der Regel arbeitet die Frau Teilzeit, wenn Kinder da sind. Gerade bei kleinen Kindern hat die Frau eine engere Bindung. Das Stillen spielt heute wieder eine große Rolle, über die ersten sechs Wochen hinaus. Die jungen Leute sind oft entspannter und fortschrittlicher als die Politik. Sie haben kein Rollenmodell mehr im Kopf, wie es linke Politiker den Konservativen gerne vorwerfen. Sie sagen: »Ich bleibe als Frau zu Hause wegen der körperlichen Nähe und wegen des Stillens.« Und der Mann sagt: »Okay, dann gehe ich arbeiten«. Auch wenn sich die Grünen da auf den Kopf stellen: Stillen, das kann der Mann einfach nicht.

KÜNAST: Na ja, aber sie können Teil- und Vollzeit nach sechs Monaten oder einem Jahr tauschen. Das würde gehen, wird aber extrem wenig praktiziert. Und noch ein Punkt, den die nächste Bundesregierung ändern sollte: Der Staat unterstützt über Kinderfreibeträge die höheren Einkommen faktisch mehr als die geringeren Einkommen. Wir müssen ein System schaffen, das jedes Kind gleich behandelt.

BECKSTEIN: Das Familiensplitting wäre etwas, das ich für sinnvoll halte. Man kann bei einer vierköpfigen Familie das Gesamteinkommen steuerlich durch vier teilen.

KÜNAST: Das ist doch schon mal was! Dazu gehört dann aber auch eine Kindergrundsicherung. Das bedeutet, dass wir Kindergeld, Leistungen für Kinder und steuerliche Kinderfreibeträge zusammenziehen. Dann gibt es für jedes Kind die gleiche Summe – und nicht mehr den Effekt, dass Reichere mehr Vorteile durch Kinder haben als Ärmere. Die Kindergrundsicherung würde auch die Diskriminierung von Alleinerziehenden beenden. Alleinerziehende können nichts für ihre Situation.

BECKSTEIN: Ich zweifle, ob das gut und auch verfassungsgemäß wäre. Laut Bundesverfassungsgericht gilt das Gebot der Besteuerung nach Leistungsfähigkeit. Die Lebenshaltungskosten der Kinder sind eben unterschiedlich, je nach dem Lebensstandard der Eltern. Und das macht sich in der Frage des Steuerfreibetrags geltend. Das ist nach meiner Einschätzung verfassungsrechtlich nicht änderbar. Was aber dringend notwendig ist, ist die Anhebung des Kindergeldes. Und was ich ebenfalls zugestehe: Es muss mehr Unterstützung für die Alleinerziehenden geben. Ich sehe nicht erst seit der Coronakrise, dass die Alleinerziehenden ihr Leben unter den schwierigsten Bedingungen meistern.

KÜNAST: Wenn das Bundesverfassungsgericht heute entscheiden müsste, kann ich mir sehr gut vorstellen, dass es den Gleichheitsgrundsatz höher bewerten würde: Jedes Kind ist gleich viel wert. Es ist doch ungerecht, dass für

Kind A von Normalverdienern von unseren Steuern das Kindergeld gezahlt wird und für Kind B, dessen Eltern 200.000 Euro verdienen, faktisch über den Steuerfreibetrag eine viel größere Summe anfällt.

BECKSTEIN: Ein Einkommen von 200.000 Euro ist doch nicht typisch. Der Spitzensteuersatz wird bei 57.000 Euro Jahreseinkommen fällig. Das heißt: Auch der Gymnasiallehrer ist im Spitzensteuersatz, der Malermeister, der Überstunden macht, auch. Es darf nicht sein, dass die beiden ihren Lebensstandard einschränken müssen, weil sie Kinder haben. Deshalb ist der steuerliche Freibetrag nötig und sinnvoll. Ich schlage vor, den Ausgleich über das Kindergeld und dessen massive Erhöhung zu regeln. Hinzu kommt, dass bei Hartz IV die Kinderzuschläge nicht ausreichend sind. Darüber können wir reden. Aber bei Vorschlägen, die dazu führen, dass Familien schlechter gestellt werden als derzeit, widerspreche ich.

Der Hartz-IV-Satz liegt für Erwachsene bei 439 Euro, für Kinder ist er geringer. Reicht das?

BECKSTEIN: Ich gestehe, dass ich mir nicht vorstellen kann, von einem Hartz-IV-Satz zu leben. Obwohl ich kein Luxusleben führe. Ich habe eine relativ einfache Wohnung, bin an Kleidung nicht interessiert. Ich übernachte in Hotels, in denen Sie wahrscheinlich nicht übernachten würden, fahre mit der Bahn immer zweite Klasse. Ein Mitarbeiter hat sich einmal über mich lustig gemacht, weil ich mir ein Auto ohne jede Sonderausstattung gekauft habe, hinten die Fenster noch zum Kurbeln. Er hat mich gefragt, ob dieses Auto eine Sonderanfertigung aus Sparta sei. Aber mal im Restaurant zu essen oder mehr noch in ein Konzert zu gehen, ist oft teuer. Eine Erhöhung des Hartz-IV-Satzes wäre notwendig. Allerdings muss es immer einen Abstand zu dem geben, der arbeitet.

KÜNAST: Der Abstand zum Einkommen aus Arbeit wäre auch bei einem höheren Hartz-IV-Satz gewährleistet, wenn die Löhne in manchen schlecht bezahlten Bereichen wie der Pflege steigen würden. Beides gehört zusammen. Konzerte und Kultur kommen im Hartz-IV-Bedarf nicht vor. Wenn man den Hartz-IV-Satz realistischer berechnen und auch kulturelle Teilhabe mit einbeziehen würde, wäre er deutlich höher. Er ist derzeit schlicht und einfach zu niedrig berechnet.

BECKSTEIN: Das Prinzip Fördern und Fordern, das Rot-Grün eingeführt hat, halte ich aber nach wie vor für richtig.

KÜNAST: Da ist teilweise ein Sanktionssystem entstanden, das Leute gängelt, ohne ihnen eine Perspektive und Unterstützung zuteilwerden zu lassen. Wir müssen die Chancen verbessern, das Hartz-System zu verlassen und eine Erwerbstätigkeit aufzunehmen. Das Beratungs- und Qualifizierungssystem muss besser werden. Bildung und Weiterbildung sind die entscheidenden Teile der sozialen Frage. Ich betone das, weil ich aus eigener Erfahrung weiß, wie wichtig Bildung ist. Ich bin im Ruhrgebiet, in Recklinghausen, groß geworden, war in den frühen 60er-Jahren auf einer evangelischen Grundschule und hatte glücklicherweise eine wunderbare Klassenlehrerin. Ich wollte gerne auf die Realschule gehen. Sie hat mich dabei unterstützt. Ich war die Erste in unserer Familie und auch der weiteren Verwandtschaft, die zur Realschule und nicht auf die Hauptschule ging. Mein Vater war der Meinung, das sei überflüssig. Er hatte eine Kfz-Schlosserlehre gemacht, meine Mutter war Hilfsschwester bei den Diakonissinnen gewesen, hat das aber aufgegeben, als die Kinder kamen. Sie ist später Putzen gegangen. Ohne diese Lehrerin und ihre persönliche Unterstützung gegenüber meinem Vater hätte ich die Realschule nicht besucht.

In den Schulen sind solche Ermutigungen und Förderungen heute angesichts von Kindern mit Migrationshintergrund und mangelnden Deutschkenntnissen noch wichtiger als früher. Doch andererseits ist dies für Lehrer und Lehrerinnen noch schwieriger zu leisten. Wir brauchen mehr Personal, damit alle Kinder altersadäquat Deutsch lernen und individuell gefördert werden, auch schon vor der Grundschule. Nehmen wir uns ein Beispiel an Finnland, wo Kinder differenziert individuell gefördert werden. Die Lehrer bei uns sind derzeit oft einfach überfordert. Das zu ändern, ist nicht nur eine soziale Frage oder eine von Chancengerechtigkeit. Ohne gute Schulen müssen wir doch über den anwachsenden Fachkräftemangel gar nicht reden. Wir können nicht klagen, dass gut ausgebildete Pflegekräfte, Erzieherinnen oder auch Menschen in MINT-Berufen fehlen, wenn wir nicht alles tun, damit möglichst viele einen guten Schulabschluss machen. Wir müssen 2022 trotz der Schulden, die durch Corona entstanden sind, mehr Geld in Bildung investieren.

BECKSTEIN: In den Coronazeiten ist die Schere bei der Bildung dramatisch auseinandergegangen. Ich kenne Kinder in meinem eigenen Umfeld, die während dieser Zeit besser gefördert wurden als vorher – und viele Kinder, die überhaupt nicht mehr gefördert wurden, weil es in der Familie nur einen Computer gibt und den benutzt der Vater zum Spielen. Ich wohne ja in einem Stadtteil, in dem es viele prekäre Verhältnisse gibt. Bildung ist eine der zentralen Fragen der Zukunft. Aber ich weise darauf hin, dass Schulen in unserem föderalen Staat Länderangelegenheit sind. Finnland ist ein zentralistischer Staat. Wir legen den allergrößten Wert darauf, dass der Bund die Schulen nicht übernimmt.

Kommen wir zurück auf die ungleichen Einkommen von Männern und Frauen. Das haben Sie, Frau Künast, als ein zentrales Problem identifiziert. Die Grünen fordern mehr Gleichheit bei Lohn zwischen den Geschlechtern und mehr Frauen in den Vorständen der Konzerne. Wie kann man Equal Pay durchsetzen? Und die Repräsentanz von Frauen in der Wirtschaft vergrößern?

BECKSTEIN: Das Ziel des Equal Pay ist für mich unstrittig. Rechtlich gibt es die Möglichkeit zu klagen, wenn eine Frau wegen ihres Geschlechts schlechter bezahlt wird. Es stimmt leider, dass im Bereich der Wirtschaft gleiche Arbeit noch nicht immer gleich bezahlt wird. Aber die Entwicklung hat sich in den letzten Jahren verbessert, Deutschland steht mit einer bereinigten Lohnlücke von rund sechs Prozent im europäischen Vergleich schon recht gut da. Aber, klar, sechs Prozent sind immer noch sechs Prozent. Doch das zu ändern ist in erster Linie eine Aufgabe der Tarifpartner. Da sind die Gewerkschaften gefragt. Der Staat als Arbeitgeber ist ja vorbildlich gerecht bei dieser Frage.

Also ist das keine Aufgabe für Politik?

BECKSTEIN: Ich sehe keine gesetzliche Maßnahme, die schnell wirken würde. Die Rechtsansprüche sind meines Erachtens umfangreich gegeben.

KÜNAST: Da ich ja gefragt wurde: Frauen machen überproportional schlechter bezahlte Jobs und sind insgesamt weniger in den höher dotierten Jobs vertreten. Die Gründe dafür habe ich schon genannt. Das ist ungerecht und angesichts des Fachkräftemangels auch dumm. Frauen verdienen in Unternehmen oft weniger als Männer. Teilweise führen kleine Veränderungen in einem Arbeitsablauf dazu, dass Tätigkeiten von Männern höher eingestuft werden. Da muss man gesetzlich Transparenz durch ein in der Praxis wirkungsvolles Gesetz zur Entgeltgleichheit schaffen. Dazu gab es ja lange Debatten im Bundestag.

BECKSTEIN: Rechtlich ist das alles gegeben.

KÜNAST: Es ist zu kompliziert geregelt und wird nicht genutzt. Lassen Sie mich noch etwas zu der Repräsentanz von Frauen in Vorständen großer Unternehmen sagen. Die Erfahrung ist: Männer finden immer Männer. Wenn Frauen in männerdominierte Szenen dazukommen, fühlen sich Männer unwohl, weil sie glauben, nicht mehr so reden zu können wie vorher – was immer sie da so reden. Auch daher werden nur dann mehr Frauen in Unternehmensvorstände kommen, wenn es dafür eine Quote gibt. Freiwillig hat sich da so gut wie nichts getan. Manche Unternehmen ignorieren selbst den gesetzlichen Auftrag, sich ein Ziel zu setzen.

Sie schreiben einfach eine Null in den Frauenförderplan.
Der Anteil von Frauen in den Vorständen ist bei uns sogar
gefallen. Nicht einmal 13 Prozent der Vorstandsposten sind
in den großen deutschen Unternehmen mit Frauen be-
setzt. Manche DAX-Unternehmen kommen komplett ohne
Frauen aus. Da ist Deutschland Schlusslicht – unsere Nachbarn sind alle besser.

Die aktuelle Vereinbarung, wonach für Vorstände ab drei
Personen eine Frau gefunden werden muss, ist kein echtes
Angebot. Das betrifft zudem weniger als 100 Unternehmen.
Nein, wir brauchen eine Quote von 33 Prozent bei Neube-
setzungen für alle DAX- und mitbestimmungspflichtigen
Unternehmen. Und bei den Aufsichtsräten eine Steigerung
auf 40 Prozent.

BECKSTEIN: Eigentümern vorzuschreiben, jemanden jenseits von Leistung und Eignung einzustellen oder in den
Vorstand zu berufen, halte ich für hochproblematisch. Der
Eigentümer muss den auswählen können, von dem oder der
er überzeugt ist, das Unternehmen führen zu können. Ich
will mir, wenn ich zum Arzt gehe, auch nicht vorschreiben
lassen, ob ich zu einem Mann oder einer Frau gehe. Ich gehe
zu jemandem, dem oder der ich vertraue. Proporz scha-
det da nur. Der Staat soll besser mal bei den Unternehmen,
an denen er beteiligt ist, von der Bahn über die Autobahn-
gesellschaft bis hin zur Bundesgesellschaft für Endlagerung,
vorangehen und zeigen, dass so eine Quote funktioniert.
Wenn dann mehr Frauen in unternehmerischer Verantwortung sind, stehen sie auch für einen Wechsel zu anderen
Unternehmen zur Verfügung.

KÜNAST: Wahr ist: Wir haben in den Vorständen mancher Konzerne eine 100-prozentige Männerquote. Manche tun so, als sei die Einführung einer Frauenquote eine Zumutung und vorher wäre es stets um Qualität und Kompetenz gegangen. Wenn ich auf die Ergebnisse in der Automobilindustrie oder der Bahn schaue, kann das kaum die Wahrheit sein. Zudem wissen wir, dass Frauen in Führungspositionen eine andere Art der Kommunikation, Integration und Teamarbeit mitbringen. Es gibt sogar Studien, wonach Unternehmen mit überdurchschnittlichen Frauenquoten an der Spitze bessere Aktienkurse erzielen. Die Frau ist nicht per se die bessere Führungskraft, verstehen Sie mich nicht falsch, aber Vielfalt an der Spitze hilft.

BECKSTEIN: Daran stimmt viel. Weiß ich von mir zu Hause.

Frau Künast, ist eine Genderquote nicht ein zu massiver Eingriff in die Eigentumsrechte?

KÜNAST: Wenn man 30 Prozent Frauen in DAX-Vorständen fordert, ist das kein zu starker Eingriff. Der Artikel 14 des Grundgesetzes schützt nicht nur das Eigentum, sondern verweist auch auf seine Sozialbindung. Diskriminierung zu beseitigen ist auch ein Auftrag von Politik. Was nicht geht, ist, aufgrund des Geschlechtes jemand zu bevorzugen. Es geht immer um die Wahl bei Qualifikationsgleichheit.

BECKSTEIN: Ich sehe kein Problem darin, eine Frauenquote bei den Aufsichtsräten großer Unternehmen einzuführen. Diese Quote gibt es ja bereits seit 2016. Eine Frauenquote von 30 Prozent in Vorständen von DAX-Unternehmen soll eingeführt werden, darauf hat sich die Koalition geeinigt; das kann mit der höheren Verantwortung dieser Unternehmen gerechtfertigt werden. Aber der einzelne Eigentümer eines Unternehmens muss frei entscheiden können, zu wem er das Vertrauen hat, ihm die Führungsverantwortung in seinem Unternehmen anzuvertrauen, und einstellen dürfen, wen er für geeignet hält. Das ist übrigens im öffentlichen Dienst nicht anders: Das Bundesverfassungsgericht hat entschieden, dass im öffentlichen Dienst in jedem Fall die Qualifikation Vorrang vor dem Geschlecht hat. Niemand darf wegen seines Geschlechts benachteiligt werden – das gilt auch für Männer, die besser qualifiziert sind. Die Frage, ob bei gleicher Qualifikation die Frau eingestellt wird, um die Quote zu erfüllen, hat zu erbitterten Diskussionen geführt. Als Jurist hätte ich schwere Bedenken gegen ein solches »Bei-gleicher-Eignung-bevorzugt-Label«, und als Frau würde ich es wahrscheinlich nicht wollen.

KÜNAST: Ach, wenn Frauen sehen, wie Männer stets Männer finden, sind wir da ganz gelassen. Wenn DAX-Konzerne international hoch qualifizierte Leute suchen, merken sie selbst, dass viele, vor allem Frauen, nicht zu Unternehmen wollen, die in Genderfragen völlig unmodern sind. Das reicht bis in die Besetzung des Vorstands. Die müssen diverser werden, auch ethnisch. Mittlerweile sind viele Unternehmen der Ansicht, dass Diversity ein Vorteil ist. Und Artikel 3 des Grundgesetzes sagt ja, dass der Staat auf die Beseitigung bestehender Nachteile hinzuwirken hat.

BECKSTEIN: Ich habe dagegen keinen Einwand. Wir haben zum Teil eine männerdominierte Gesellschaft. Das muss man ändern. Ich habe mich in meiner aktiven Zeit als Minister und in der Kirche dafür eingesetzt, dass Frauen führende Positionen bekleiden. Aber die Quote in den Vorstandsbereichen halte ich für falsch.

KÜNAST: Wenn ich ein Bild des Bundesverfassungsgerichts sehe – zur Hälfte Männer, zur Hälfte Frauen –, empfinde ich das als wohltuend. Warum? Als ich jung war, waren Frauen Lehrerinnen, Erzieherinnen, Verkäuferinnen. Im öffentlichen politischen Leben gab es zwei Frauen: Annemarie Renger und Hildegard Hamm-Brücher. Mehr nicht. Insbesondere Hamm-Brücher habe ich als Vorbild gesehen. Auch Mädchen und Frauen brauchen Vorbilder. Deshalb ist es so wichtig, dass es in Vorstandsetagen mehr Frauen gibt. Damit sich junge Frauen ermutigt fühlen, damit sie nicht glauben, dieser Bereich wäre für immer eine Männerkultur.

>>Es ist eine interessante Figur,
die Grünen zum Hauptgegner
zu erklären und im gleichen
Atemzug die Überschrift für den
Koalitionsvertrag zu entwerfen.<<

Union und Grüne regieren gemeinsam in Bundesländern wie Hessen und Baden-Württemberg. Wie sind die Erfahrungen dort?

BECKSTEIN: Als Volker Bouffier, der mit mir lange in der Innenministerkonferenz zusammengearbeitet hat, in Wiesbaden eine schwarz-grüne Regierung gebildet hat, habe ich gedacht, er ist verrückt geworden. Nun arbeitet die CDU mit den Grünen nicht spannungsfrei, aber insgesamt hervorragend zusammen. Dies gelingt seit vielen Jahren gut. Das zeigt, dass Regieren geht, wenn man es wirklich will.

KÜNAST: Die schwarz-grünen oder grün-schwarzen Koalitionen in den Bundesländern sind Übungen, die funktionieren. Aber eine Landes- und eine Bundesregierung sind schon unterschiedliche Kaliber. Die internationale Aufmerksamkeit und die Aufgaben sind im Bund ungleich größer.

In Österreich regieren Konservative und Grüne. Könnte Schwarz-Grün in Berlin davon etwas lernen?

BECKSTEIN: In Österreich sind die Grünen mit den Konservativen von Sebastian Kurz zusammengegangen, die vorher mit der stramm rechten FPÖ koaliert haben. Ich vermute, viele in den Reihen der österreichischen Grünen hatten deswegen einige Vorbehalte gegenüber Kurz. Aber die Koalitionsverhandlungen haben gezeigt, dass beide Seiten in der Lage waren, ihre parteipolitischen Interessen zugunsten eines gemeinsamen höheren Ziels zurückzustellen. Das hat schon was Staatsmännisches – und Staatsfrauliches, Frau Künast.

KÜNAST: Diese Regierung ist, wie Herr Beckstein sagt, in einer besonderen historischen Situation entstanden. Ein Vorbild für Berlin wäre Wien nicht.

Sebastian Kurz hat die Regierung in Wien unter die Überschrift gestellt: Wir schützen die Grenzen und das Klima. Ist das ein denkbares Label für Berlin?

BECKSTEIN: Die deutschen Grünen sind zwar sehr wendig. Aber das wäre auch für sie zu viel.

KÜNAST: Dieser plakative, verkürzte Satz wäre ein No-Go für jede Regierung in Deutschland. Wir brauchen Einwanderung, schon aus demografischen Gründen.

BECKSTEIN: So pauschal kann ich das nicht stehen lassen. Richtig ist: Wir müssen offen sein für die klügsten Köpfe auf dem Globus und wir brauchen auch Pflegekräfte. Aber, da gehe ich jede Wette ein: Eine schwarz-grüne Regierung wird sich darauf einigen, dass wir auswählen, wen wir nach Deutschland lassen. Die Grünen werden sich der Realität stellen, weil es gar nicht anders geht. Einwanderung um der Einwanderung willen, Hauptsache, es kommt jemand zu uns, das ist mit der Union nicht zu machen.

KÜNAST: Das habe ich auch nicht gesagt. Aber es gibt gerade mit Blick auf die Generation der Babyboomer, die in Rente gehen, auf dem Arbeitsmarkt und besonders im Pflegebereich erheblichen Bedarf.

In Wien dürfen ÖVP und Grüne auch im Parlament gegeneinander stimmen, wohl weil die Differenzen so groß sind. Wäre das denn ein Modell für den Bundestag?

KÜNAST: Auf keinen Fall. Die Zuweisung von Kanzler Kurz – die Grünen kümmern sich um das Klima, wir um alles andere – ist wahrlich keine Blaupause für uns. Wenn die Grünen in Berlin in eine Regierung eintreten, wird der Grundsatz gelten, dass es eine Gesamtverantwortung dieser Regierung gibt und keine unabhängig voneinander agierenden Ressorts oder wechselnden Mehrheiten. Zumal die Themen sich sowieso oft überschneiden.

BECKSTEIN: Ich wäre mir nicht sicher, dass es für einen solchen Vorbehalt Verständnis in der deutschen Bevölkerung gäbe. Wenn nach einer Wahl wegen schwieriger Mehrheitsverhältnisse eine monatelange Blockade droht, würden viele sagen: Einigt euch, das ist euer Job als Politiker. Die Macht teilen, das heißt auch die Kompetenzen teilen.

Nach dem Terroranschlag in Wien, ausgeführt von einem IS-Sympathisanten mit österreichischem Pass und albanischen Wurzeln, hat Kanzler Kurz scharf reagiert. Unter anderem soll »politischer Islam« ein Straftatbestand werden. Wäre das für Schwarz-Grün in Deutschland denkbar?

BECKSTEIN: Ein Straftatbestand »Politischer Islam« ist interessant, aber nicht zielführend. Die Definition von politischem Islam oder Islamismus ist rechtlich unscharf. Nach unserem Rechtsstaatsverständnis darf es nicht möglich sein, Menschen wegen falscher Ideen zu verfolgen. Ich bezweifle, dass ein Gesetz zum politischen Islam eine optimale Lösung ist. Andererseits können und wollen wir nicht zulassen, dass in Moscheen Hassprediger auftreten, die zu Gewalt aufrufen. Das ist heikel, weil es sich um sakrale Räume handelt. Aber ich bin der Auffassung, dass auch dort Überwachungsmaßnahmen angewendet werden sollten, die rechtlich bereits möglich sind. Wer die Demokratie aktiv oder gar mit Gewalt bekämpft, begeht Straftaten.

KÜNAST: Einverstanden. Politischen Islam als Straftatbestand zu definieren, läuft Gefahr, mit einer Reihe unbestimmter Rechtsbegriffe tief in die Meinungsfreiheit einzugreifen. Das ist höchst gefährlich. Straftaten müssen konkret gefasst und definiert sein. Wir dürfen im Kampf gegen gewaltbereiten Islamismus das Kind nicht mit dem Bade ausschütten. Was wir aber unterbinden müssen, sind

Hasspredigten oder dass, wie im Fall des Attentats am Breitscheidplatz in Berlin geschehen, Moscheen als Rückzugsräume für Gewalttäter benutzt werden. Da geht es aber nicht um neue Gesetze, sondern um ausreichend Personal bei Polizei und Gerichten und um eine bessere Zusammenarbeit zwischen Bund und Ländern, damit existierende Gesetze auch ernsthaft angewandt werden. Da ist noch sehr viel zu verbessern.

BECKSTEIN: Bei der unmittelbaren Terrorismusabwehr sehe ich auch praktische und keine rechtlichen Schwierigkeiten. Einverstanden.

KÜNAST: Das ist doch mal was.

BECKSTEIN: Darf ich noch etwas zum Vergleich mit Österreich sagen? Das ist ein besonderer Fall, weil die ÖVP zuvor mit der FPÖ koaliert hatte. Das wäre auf Deutschland übertragen ein absoluter Tabubruch. Mit der AfD in irgendeiner Form, geschweige denn auf Bundesebene zusammenzuarbeiten, ist für die Union völlig ausgeschlossen. Sachsen-Anhalt hat ja gezeigt, dass die CDU am Ende erfolgreich nach allen möglichen Auswegen gesucht hat, um eine gemeinsame Abstimmung mit der AfD dort zu vermeiden.

KÜNAST: Ministerpräsident Haseloff hat diese gemeinsame Abstimmung verhindert. Es gibt aber einen großen Teil der CDU-Fraktion, der keine Hemmungen gehabt hätte, mit der AfD zusammen abzustimmen. Haseloff hat seinen Innenminister Stahlknecht entlassen und diesen Spuk beendet. Es gibt aber über Sachsen-Anhalt hinaus, etwa bei dem früheren Präsidenten des Verfassungsschutzes Maaßen oder bei der Werteunion, Schnittmengen zwischen Union und AfD, die bedenklich sind. Da bedarf es eines Klärungsprozesses.

BECKSTEIN: Unser Verhältnis zur AfD ist geklärt. Wir nehmen der AfD berechtigte Themen weg und setzen auf eine knallharte Abgrenzung. Das haben wir in Bayern mit den Republikanern so gemacht, die bei den Europawahlen 1989 im Freistaat 14,6 Prozent geholt hatten. Genauso machen wir es jetzt bei der AfD, die noch extremistischer ist, als es die Republikaner jemals waren.

> Das ist Bayern. In Thüringen gab es eine Zusammenarbeit mit der AfD bei der Wahl von Thomas Kemmerich, auch wenn die rückgängig gemacht wurde. Frau Künast, wäre eine Zusammenarbeit von Union und AfD in einem Land der Knock-out für Schwarz-Grün in Berlin?

KÜNAST: Ich wehre mich dagegen zu sagen: Das ist das Knock-out-Kriterium. Es wäre aber notwendig, sich im Falle einer gemeinsamen Koalition darauf zu verständigen, dass dies nicht passiert, und eine klare Grenze nach Rechtsaußen zu ziehen. Die Union würde sonst das Tor für Extremisten öffnen. Es ist aber offensichtlich, dass die Bundes-CDU die Landesverbände der Union da nicht zwingen kann. Hoffentlich merken sie es selbst.

> Regierungen brauchen zwingend Vertrauen. Wie ist denn die Chemie zwischen Grünen und Union?

KÜNAST: Anfangs, im Bonner Bundestag, war das Zusammentreffen von Grünen und Union ein echter Clash of Cultures. Schwarz-Grün oder Grün-Schwarz wäre damals schlicht unvorstellbar gewesen. Für uns waren ja die Union und die SPD die Parteien, gegen deren politischen Kurs wir uns gegründet haben. Die Union hat uns wiederum lange für eine Erscheinung gehalten, die wieder verschwindet. Dem war nicht so. Im Gegenteil. Wir beeinflussen intensiv den gesellschaftlichen Diskurs. Wir nutzen elegant das gesamte Werkzeug, haben zum Beispiel im Vermittlungsausschuss ohne Tagesordnungspunkt den CO_2-Preis hochgesetzt, und obwohl er mit 25 Euro noch zu niedrig ist, zeigte das, dass wir nicht mehr wegzudenken sind. Inzwischen gibt es auch vonseiten der Union viel Respekt und Anerkennung für die konstruktive Zusammenarbeit. Angela Merkel hat bei wichtigen Fragen, etwa der Eurorettung, die Grünen bewusst miteinbezogen. Freilich sind in der Union nicht alle so. Es gibt noch immer CSU-Minister, die im Bundestag als Erstes die Grünen anbrüllen. Da frage ich mich manchmal, was eigentlich in die gefahren ist. Aber grundsätzlich nehmen wir uns gegenseitig ernst.

BECKSTEIN: Das sehe ich auch so. Aber für traditionelle Unionswähler ist Schwarz-Grün schon immer noch schwierig, gerade wenn es um Fragen der Innenpolitik, der Ausländerpolitik, der Polizei und des Verfassungsschutzes geht. Übrigens gibt es in Deutschland seit fast 40 Jahren so etwas wie die Partei gewordene Koalition aus Union und Grünen, nämlich die ÖDP. Ich will das nicht überstrapazieren, die ÖDP hat auch Punkte, die Grüne und Union gleichermaßen ablehnen. Aber grundsätzlich steht die Partei für einen Gedanken, den ich teile – dass der Schutz von Natur und Umwelt ein grundkonservatives Anliegen ist. Für diesen schwarz-grünen Brückencharakter stehen bei der ÖDP sogar einzelne Personen aus der Gründungszeit: Herbert Gruhl, der erste Bundesvorsitzende, war lange Jahre CDU-Abgeordneter im Deutschen Bundestag gewesen. Er war konservativ und grün gleichzeitig. Uns in Bayern hat die ÖDP mit mehreren Volksbegehren geärgert, die mich trotzdem meist gefreut haben und auch unser Land in der Regel vorangebracht haben.

> Die grüne Wählerschaft verdient gut und ist bürgerlich. Die der Union ist liberaler geworden, gerade in den Städten. »Koalition der Operngänger« hat das mal jemand genannt. Gibt es eine kulturelle, alltägliche Annäherung zwischen Union und Grünen?

BECKSTEIN: Ich glaube, die Unterschiede im Land sind insgesamt geringer geworden. Die Gegensätze zwischen Gewerkschaften und Arbeitgebern, zwischen den Konfessionen, selbst zwischen christlichen und islamischen Religionsführern sind kleiner geworden. Es gibt einen größeren Common Sense in unserer Gesellschaft, jedenfalls in der Mehrheit unseres Landes. In diesem Rahmen gibt es auch eine Annäherung zwischen Union und Grünen.

KÜNAST: Das Land hat sich verändert, die grüne Partei hat dabei reichlich geholfen und sich logischerweise dabei auch selbst verändert. Das Land ist pluraler und moderner geworden. Nicht alles davon hat die Union freudig begrüßt. Früher konnte man in Jeans nicht in die Oper gehen. Heute gehen die einen in Jeans, die anderen im Abendkleid. Unterschiedliche Lebensentwürfe oder sexuelle Orientierungen sind der selbstverständliche Alltag. Alles ist eben vielfältiger geworden und kann sich auch zeigen. In dem Zuge hat sich auch die harte Konfrontationsstellung aufgelöst, die es früher zwischen Grünen und Union gab. Schon unsere zahlreichen Regierungsbeteiligungen zeigten und zeigen, dass wir es können. Folglich nehmen wir uns selbstbewusst vor, den heute notwendigen Wandel zur sozialökologischen Marktwirtschaft und die Dekarbonisierung für eine gute Zukunft aller anzutreiben.

Das Land ist pluraler geworden – und Schwarz-Grün die neue Mitte.

KÜNAST: Nein, von neuer Mitte würde ich nicht sprechen. Das ist zu arrogant. Damit drängt man alle anderen an den Rand. Wir haben unterschiedliche Blickwinkel, das macht die Diskussion darüber spannend, denn es ist eindeutig die entscheidende Richtungsdebatte nicht nur für unser Land. Ich will übrigens, dass es eine Sozialdemokratie gibt, der es gut geht. Die Sozialdemokraten müssen nur noch rausfinden, was sie wollen. Das sage ich wirklich mit Mitleid. Wir brauchen die Sozialdemokratie.

Mitleid ist die Höchststrafe für die politische Konkurrenz.

KÜNAST: Ich wollte nicht gemein sein. Ich sehe das mit echter Sorge.

BECKSTEIN: Ich teile Ihre Meinung.

KÜNAST: Wir brauchen eine Partei, die die soziale Frage – auch wenn sie für uns alle eine Aufgabe ist – ganz explizit für die Arbeitnehmerinnen und Arbeitnehmer adressiert. Ich kenne als Kind des Ruhrgebietes beide Seiten der SPD. In Recklinghausen hatten jeweils drei SPD-Männer die Posten unter sich aufgeteilt. Starb einer, rückte ein anderer nach. Das System blieb gleich und starr. Auf der anderen Seite hätte ich ohne das BAföG, eine sozialdemokratische Schöpfung, kaum zur Oberschule gehen und studieren können. Mein Vater hätte sonst sein Veto eingelegt und durchgesetzt. Ich habe gelernt, wie wichtig Strukturen und Finanzierungen sind. Die SPD hat es bisher leider nicht geschafft, Antworten auf soziale und strukturelle Fragen in die Realität des 21. Jahrhunderts zu übersetzen und dabei vor allem mit sich selbst einig zu sein. Aber brauchen tut man sie.

BECKSTEIN: Das sehe ich wirklich genauso. Man kann davon nicht abbeißen, aber die SPD hat eine stolze Geschichte. Viele Sozialdemokraten haben das Soziale auch persönlich sehr glaubwürdig verkörpert. Da haben auch starke Frauen eine Rolle gespielt. Ich denke an Renate Schmidt, die fast auf den Tag genauso alt ist wie ich und die wie ich Ehrenbürgerin Nürnbergs ist. Diese Renate war genauso schlagfertig wie die Renate mir gegenüber. Davor hatten wir im Wahlkampf – vor allem der damalige Ministerpräsident Stoiber – schon einen ziemlichen Respekt.

Frau Künast, 2013 konnten Sie sich, wie viele andere Grüne, Schwarz-Grün im Bund nicht vorstellen. 2017 war das völlig anders. Jamaika ist ja an der FDP gescheitert. Die

Grünen waren hingegen konstruktiv und flexibel. Was ist bei den Grünen da passiert?

KÜNAST: Wir wollen, dass die existierenden Probleme gelöst werden. Und wir haben uns weiterentwickelt. Wir haben immer diskutiert, mit wem wir die größere Schnittmenge haben. Das war lange die SPD. Das ist wahrscheinlich immer noch so. Das gemeinsame Regieren bis 2005 war aber wahrlich nicht vergnügungssteuerpflichtig. Es war anstrengend und mit massivsten Auseinandersetzungen verbunden. Die Ressortabstimmungen dauerten Monate. Jetzt werden wir uns angucken, welche praktischen Möglichkeiten sich rechnerisch nach der Bundestagswahl bieten. Für eine Koalition braucht man die Bereitschaft, sich mit der Realität auseinanderzusetzen. Man braucht nicht nur die Mehrheiten in Bundestag und Bundesrat, man muss auch Mehrheiten in der Gesellschaft herstellen, die Menschen zum Mittun bewegen können. Wir Grüne wollen die Transformation der Industriegesellschaft, wir denken aber auch an den gesellschaftlichen Zusammenhalt und wie wir Leute in Branchen mit Umbrüchen absichern und neue Jobs ermöglichen. Es wäre allerdings falsch, auf die Sorgen der Beschäftigten in der Autobranche zu reagieren, indem wir sagen: »Gut, wir bleiben beim Alten und produzieren weiter Verbrennungsmotoren.« Die Grünen waren früher die Partei, die den Finger in die Wunde gelegt hat, die bis dahin ignorierte Umwelt- und Zukunftsfragen auf die Agenda gesetzt hat. Nun sind wir alle miteinander weiter. Wir haben jetzt eine Gesamtverantwortung. Wenn CDU/CSU und Grüne in Verhandlungen zu einem gemeinsamen Ergebnis kämen, müsste dieser Kompromiss eine breitere Gesellschaft einschließen. Wir werden die notwendige Transformation nur mit Bündnissen und Kooperationen hinkriegen. Das schließt die IG Metall ein. Es nutzt nichts, Konfrontationen zu suchen. Und deshalb kann man heute darüber reden, ob wir mit denen koalieren, mit denen wir es uns in unseren Gründungszeiten am wenigsten vorstellen konnten. Genauso wenig wie die Union.

Die Idee für Schwarz-Grün ist vonseiten der Grünen also, mit der Union als wirtschaftsnaher Partei dieses Transformationsprojekt anzugehen?

KÜNAST: Was bedeutet denn heute wirtschaftsnah? Die Union war immer nah an der alten Wirtschaft. Aber wenn es um die Zukunft geht, sind wir die wahre Wirtschaftspartei. Wir haben seit Jahren mindestens genauso viele Wirtschaftskontakte, einen exzellent besuchten Wirtschaftsrat. Ich und andere Grüne haben schon lange einen Draht zu allen Automobilkonzernen, zur chemischen Industrie, aber eben auch zu den alten und neuen Pionieren, vom Ökobauern bis zur nachhaltigen Mode. Wir müssen perspektivisch breite Bündnisse schließen. Das wird mit der Union eine Herausforderung.

Herr Beckstein, wie sehen das CDU und CSU?

BECKSTEIN: Für die CSU ist in Bayern jede Koalition des Teufels. Und klare Mehrheiten sind für ein Land gut. Die Entwicklung Bayerns zeigt dies. Aber auf Bundesebene muss man ja einen Koalitionspartner suchen. Dann gilt der Satz, dass man mit jeder demokratischen Partei eine Koalition eingehen können muss. Das schließt die AfD und die Linke aus. Aber mit allen anderen kann man im Prinzip regieren. Vor 20 oder 30 Jahren wäre es mir extrem schwergefallen, überhaupt darüber nachzudenken, mit den Grünen zu koalieren. Damals waren die Grünen gegen parlamentarische Gremien, sie wollten das System völlig verändern. Aber es ist eben eine große Stärke der Demokratie, dass sie viele in dieses System integrieren kann. Das ist bei den Grünen offensichtlich erfolgt.

KÜNAST: Ich war nie desintegriert – und die Grünen waren es auch nicht. Sonst wäre das Land nicht, wie es heute ist. Sie verwechseln Kritik und Protest mit der Ablehnung eines Systems. Wir hatten nur eine andere Vorstellung. Ich kann dagegenhalten: Wir als Grüne haben die CDU/CSU in der Demokratie gezwungen, sich zu verändern.

BECKSTEIN: Na ja, die Grünen haben sich natürlich verändert und halten sich an Regeln, die sie früher ignoriert haben. Ich erinnere mich noch an die Zeit, als die Grünen in die Parlamente einzogen, sich aber nicht an die Regeln hielten und die sitzungsleitenden Präsidenten vor lauter Ordnungsrufen zum Schwitzen brachten. Sie wollten keine normale Partei sein – Rotation in Ämtern und Mandaten waren eherne Grundsätze. Die Grünen sind zu einer normalen, aber, das muss ich zugeben, immer noch interessanten Partei geworden, die sich ins demokratische Spektrum mit sehr viel mehr Vorschlägen einbringt als zum Beispiel die SPD. Das ist ein Grund, warum die Grünen im Moment so stark sind. Die strikt atheistisch-fundamentalistischen Grünen, die es bei Euch früher gegeben hat, mit denen könnte die Union keine Koalition bilden. Aber mit den Realos …

KÜNAST: Wenn, dann kommen wir mit der ganzen Partei. Sie würden ja auch die ganze CSU mitbringen, auch nicht schön für uns.

BECKSTEIN: … bin ich mir sicher, dass eine Koalition machbar ist. Auch in unserem Gespräch sehe ich viele Gemeinsamkeiten. Eine Koalition wird viel Arbeit, ist aber im Prinzip möglich. Die Welt hat sich verändert. In einer Stadt wie Köln sind die Grünen die stärkste Partei. Sie haben gerade bei jungen Leuten viel Reichweite. Und es gibt bei den Grünen viele interessante Leute, an denen man sich gut reiben kann. Das ist ein Grund, warum ich mit vielen Grünen gute Kontakte habe. In meiner Zeit als Leiter des Politischen Clubs in Tutzing haben wir sehr viele Grüne zu Gast gehabt. Die Grünen kommen aus einer Kultur, bei der bis ins Letzte argumentiert und gestritten wird, ideal für so ein Forum. Sie sind interessante Gesprächspartner, mit denen die persönliche Chemie auch dann stimmen kann, wenn man unterschiedlicher Meinung ist. Und das ist für mich ein demokratisches Ideal – dass man in der Sache engagiert streiten kann und danach sagt: »Aber du bist ein interessanter Mensch.«

Robert Habeck, der grüne Co-Vorsitzende, will keine Koalition eingehen, ohne dass auf deutschen Autobahnen Tempo 130 gilt. Ist Schwarz-Grün damit schon tot, Herr Beckstein?

BECKSTEIN: Auch das wird nicht das Hindernis für eine Koalition sein. Entweder wir geben nach, und Tempo 130 wird eingeführt, oder Herr Habeck gibt nach, und es wird nicht eingeführt. Die Frage zum Knackpunkt einer schwarz-grünen Zusammenarbeit zu machen, halte ich für ziemlich abwegig. Tempo 130 hat natürlich eine bestimmte Symbol bedeutung, ist aber für beide Seiten letztlich nicht sonderlich wichtig. Die Strecken, auf denen man schneller als 130 fahren darf, sind nicht besonders zahlreich. Für das Unfallgeschehen hat das keine große Bedeutung. Überhöhte Geschwindigkeit verursacht Unfälle, aber die meisten Autounfälle passieren auf Autobahnen bei den Baustellen, wo Tempo 60 oder 80 vorgeschrieben ist, die allermeisten bei den Übergängen an den Baustellen. Auch für den Benzinverbrauch ist die Tempobeschränkung nicht sehr relevant. Man kann das machen, in Österreich gibt es diese Beschränkung auch – für mich und die CSU ist das keine Gewissensfrage. Aber wenn Herr Habeck glaubt, das zu einer zentralen Frage machen zu müssen, wird er bei Koalitionsverhandlungen in vielen anderen Punkten nachgeben müssen. Dann, und nur dann, wird er es kriegen. Ich war bei vielen Koalitionsverhandlungen dabei. Da zieht man am Ende den Strich.

KÜNAST: Ich habe darauf gewartet, dass Sie dies sagen: Damit habe Habeck den Preis für Tempo 130 in die Höhe getrieben. Das ist ja naheliegend. Ich habe aber eher wahrgenommen, dass er gesagt hat: »Das ist nicht die alles entscheidende Frage, aber sie hat eine Bedeutung. Das Tempolimit ist sinnvoll, weil es den CO_2-Ausstoß genauso reduziert wie Unfälle.« Stimmt ja auch. Inzwischen kommt aber noch ein weiterer Aspekt dazu: Diese irre Raserei auf den über-füllten deutschen Autobahnen führt dazu, dass sich Ältere gar nicht mehr zu fahren trauen. Mehr denn je ist Vollgas auch voll rücksichtslos. Es gibt Menschen, auch von weiter her, die aus dem Ausland nach Deutschland kommen, um es auf der Autobahn mal so richtig krachen zu lassen. Wir machen uns doch lächerlich als einziges Land ohne Tempo-limit. Aber natürlich ist das Tempolimit nur ein kleiner Teil der Verkehrswende, die wir brauchen. Wir müssen viel mehr auf die Schiene verlegen – in den Städten mit der Straßen-bahn, im Personenverkehr mit dem ICE und beim Waren-transport mit dem Güterzug. Das ist das Ziel. Dafür muss ein Gesamtpaket her.

Ich habe in meinem Leben schon einige Koalitionsverhand-lungen geführt. Das funktioniert so, dass sich beide Sei-ten am Anfang in die Augen gucken und sagen: »Das sind unsere Kernpunkte, in dieser Reihenfolge und Bedeutung.« In Verhandlungen muss man sich dann mehrfach gegen-seitig Signale geben, ob man genug hat, um als Parteivor-sitzende oder -vorsitzender der Partei empfehlen zu kön-nen, dem zuzustimmen. Wir benötigen bei der Energie, bei der Verkehrswende, bei der Landwirtschaft wirkliche Ver-änderungen. Es geht immer um die gesamte Gemengelage. Die Klima- und die Biodiversitätsfrage ist für uns zentral. Am Ende schaut man sich das Ergebnis im Ganzen an und sagt dazu ja oder nein. Dann beginnt der Ernst des Lebens. Dann beginnt das Regieren.

Wie wird der Wahlkampf 2021 aussehen, auch zwischen Union und Grünen?

BECKSTEIN: Schauen wir uns die Parteien einmal an. Die SPD hat mit Akzeptanzproblemen zu kämpfen und viele Wählerschichten verloren. Es ist außerdem eine alte SPD-Krankheit, dass die Genossen ihre eigenen Vorsitzenden und Kandidaten demontieren. Die AfD zerlegt sich im Moment selber. Die werden wir überall angreifen. Bei der FDP sieht es nach einer Zitterpartie aus. Markus Söder hat beim Parteitag aber zu Recht hervorgehoben, dass auf gute Umfragen kein Verlass ist. Das haben wir ja jetzt erst wieder bei Joe Biden in den USA erlebt, dem ein viel deutlicherer Sieg prophezeit worden war. Die Wahl wird für die Union kein Selbstläufer. Um es provozierend zu formulieren: Bei der Bundestagswahl sind die Grünen der Hauptgegner von CDU und CSU.

KÜNAST: Das provoziert mich überhaupt nicht. Das weiß ich ja schon.

BECKSTEIN: Zumal ich überzeugt bin, dass die Grünen, wenn sie die Möglichkeit haben, lieber Grün-Rot-Rot umsetzen werden als Schwarz-Grün. Wenn sie den Kanzler stellen können ...

KÜNAST: ... bitte, oder die Kanzlerin ...

BECKSTEIN: ... wird sich das Machtbewusstsein der Grünen zeigen. Für den Kanzler oder die Kanzlerin machen die Grünen auch Grün-Rot-Rot.

KÜNAST: Das ist Ihre These. Ich teile die nicht. Bei uns Grünen führt niemand die Debatte, dass wir, um die Kanzlerin oder den Kanzler zu stellen, diese oder jene Koalition brauchen.

BECKSTEIN: Öffentlich vielleicht nicht. Aber Sie können mir nicht erzählen, dass es niemanden bei den Grünen gibt, der in der Partei ganz vorne steht, der diese Fragen nicht abwägt. Mir ist nichts Menschliches fremd. Die Grünen sind keine Heiligen, denen es nur um die Sache geht. Als Protestant glaube ich sowieso nicht an Heilige, da werde ich jetzt bei den Grünen nicht damit anfangen.

Die Grünen als Hauptgegner der Union – ist das ein Adelsschlag für die Grünen, Frau Künast?

KÜNAST: Es gibt bei Klima und Ökologie zwei unterschiedliche Ideen. Die kann man als Gegnerschaft oder als Alternativen begreifen – im wahrsten Sinne des Wortes. Es steht Spitz auf Knopf. Wir brauchen jetzt und nicht später sowohl Klimaschutz als auch gut bezahlte, neue Arbeitsplätze. Wir schreiben uns diese Transformation auf die Fahnen. Es gibt eine große Gruppe von Wählern und Wählerinnen, die früher Angela Merkel gewählt haben, aber nicht so sehr die Union. Diese Gruppe können und werden die Grünen erreichen. Das ist der Unterschied zu früher. Wir Grüne haben früher die blinden Stellen der anderen kritisiert. Heute machen wir Angebote für die ganze Palette der Politikbereiche. Deshalb machen wir der Union viel ernster Konkurrenz als vor 20 Jahren.

Herr Beckstein, soll die Union die Grünen als Verbotspartei angreifen?

BECKSTEIN: Nach meiner Überzeugung sind sie eine Partei der Verbote. Wie stark wir sie angreifen, das wird auch von ihrem Wahlprogramm und Wahlkampf abhängen.

KÜNAST: Herr Beckstein, ich glaube, dass die Union beim Thema Transformation der Wirtschaft zwei tote Pferde reitet und die Bevölkerung in großen Teilen längst weiter ist. Das eine tote Pferd ist das Argument der Arbeitsplätze. Sie sagen, die Arbeitsplätze alter Prägung gehen verloren, daran müssten wir festhalten. Wir sagen: Wir wollen und werden die alten Arbeitsplätze weiterentwickeln und zusätzlich neue, sogar mehr Arbeitsplätze schaffen. Die erneuerbaren Energien beschäftigen mehr Menschen als die Kohle. Das zweite tote Pferd ist das Schlagwort von der Verbotskultur. Die Menschen sehen längst, dass es bei uns Dinge gibt, die so einfach nicht mehr gehen – weil die Umwelt zerstört wird, weil falsch verstandene Freiheiten von Konzernen die individuellen Freiheiten der Bürgerinnen und Bürger einschränken und ihre Zukunft gefährden, wenn wir nichts tun. Die Leute wollen ganz eindeutig, dass wir aktiv werden und Perspektiven schaffen. Da schreckt sie Ihr Kampfbegriff aus den 80ern wirklich nicht mehr. Im Gegenteil, die dringende Erwartung ist da, dass die Politik auf schlimme Entwicklungen unserer Zeit endlich reagiert.

BECKSTEIN: Frau Künast, die Gespräche mit Ihnen waren für mich sehr eindrucksvoll. Ich habe erlebt, mit welcher persönlichen Leidenschaft und Betroffenheit Sie über Ökologie reden. Wir in der Union sehen die Frage der Bedrohung durch Klimawandel ein wenig lockerer. Aber dass es ernst zu nehmende Leute gibt, die Angst vor der Welt im Jahr 2050 haben, war für mich eine neue Erfahrung. Schwarz-Grün wird es natürlich nur geben, wenn Union und FDP keine eigene Mehrheit haben. Schwarz-Grün darf gleichwohl keine Notlösung sein, sondern sollte ein Projekt mit einer Überschrift sein. Diese Überschrift muss heißen: Ökonomie – gleich Union – mit der Ökologie – gleich Grüne – zu versöhnen. Die Grünen haben das ökologische Bewusstsein, aber nicht die Mittel, daraus in vernünftiger Weise Politik zu machen.

> Herr Beckstein, das ist eine interessante Figur, die Grünen zum Hauptgegner zu erklären und fast im gleichen Atemzug schon die Überschrift für den Koalitionsvertrag zu entwerfen. Wie nahe sind sich Union und Grüne wirklich?

KÜNAST: Man konnte bei unserer Diskussion ja merken, dass wir an vielen Stellen Differenzen haben. Herr Beckstein, Sie haben mir das Kompliment gemacht, mit Ernst über die wichtigen Fragen zu diskutieren. Aber dann hören Sie auf mit der Kategorie »Verbot«. Die Frage ist doch, wie wir unsere drängenden Aufgaben lösen. Ich benutze gerne das Wort »Resilienz«. Wir müssen Markt und Wettbewerb so ausrichten, dass resiliente, also widerstandsfähige Systeme entstehen – in der Bildung genauso wie beim Klima und in der Landwirtschaft. Wir wollen die Wende.

BECKSTEIN: Also wollen Sie eine grün-rot-rote Regierung anführen?

KÜNAST: Wir legen uns bewusst nicht fest. Auch Annalena Baerbock und Robert Habeck sagen nicht, sie wollten auf alle Fälle das Kanzleramt. Wir sind an den Inhalten orientiert, die ich gerade skizziert habe, und stellen uns ganz ernsthaft der Aufgabe, mit anderen um eine gute Zukunft zu ringen. Wichtig ist, dass eine Regierung gemeinsam anpacken will. Wenn die Personen dabei nicht respektvoll miteinander umgehen, scheitern Koalitionen. Es muss eine Aufbruchstimmung geben, den Willen zu Veränderungen und dazu, die Gesellschaft mitzunehmen und Halt zu geben. Dann wird es gut.

BECKSTEIN: Dafür stellen die Grünen eine Kanzlerkandidatin oder einen Kanzlerkandidaten auf?

KÜNAST: Entschuldigen Sie bitte, die Grünen sind in Umfragen über lange Zeit die zweitstärkste Kraft. Es wäre ja wohl putzig, wenn die SPD einen Kanzlerkandidaten aufstellt, aber wir nicht. Das ist ein Sinnbild unserer Ernsthaftigkeit. Es gibt keinen Freifahrtschein der Grünen für irgendeine Koalition. Schwarz-Grün ist nicht zwingend. Ich frage zurück: Ist die Union wirklich bereit für einen Neuanfang und einen Aufbruch für die jüngere Generation, die Bauern, jeden Industriearbeitsplatz, jeden Handwerksarbeitsplatz? Das sind die Kernfragen. Das wird nicht einfach. Die nächste Regierung hat eine Verantwortung, es endlich richtig gut zu machen. Ich will es nicht überhöhen. Aber das ist eine historische Situation.

Über die AutorInnen

RENATE KÜNAST ist eine der wortmächtigsten und debattenfreudigsten Vertreterinnen der Grünen. Schon früh in der alternativen Bewegung engagiert, sitzt sie seit 2002 für die Grünen im Bundestag, deren Fraktion sie lange Jahre führte. Unter Gerhard Schröder amtierte sie als Bundesministerin für Verbraucherschutz, Ernährung und Landwirtschaft. Neben der sozial-ökologischen Wende setzt sie sich für echte Gleichstellung, die Verteidigung der Bürgerrechte und eine konstruktive Debattenkultur ein. Eine Koalition mit der Union schließt sie nicht aus. Ein »Weiter so« nach den Jahren der GroKo allerdings schon.

DR. GÜNTHER BECKSTEIN ist wohl einer der streitbarsten und klügsten Köpfe der Christsozialen. Er saß 40 Jahre lang für die CSU im Bayerischen Landtag, war langjähriger Innenminister und schließlich Ministerpräsident des Freistaats Bayern. Auch nach seinem Ausscheiden aus der aktiven Politik mischt er sich unvermindert in gesellschaftliche Debatten ein und engagiert sich unermüdlich, sei es durch Vorträge oder in zivilgesellschaftlichen Organisationen wie Mehr Demokratie e.V. Eine schwarz-grüne Koalition schreckt ihn nicht – wenn sich bei den Grünen die Realos durchsetzen.

 STEFAN REINECKE arbeitet als Journalist und Publizist in Berlin. Er ist seit mehr als 15 Jahren Parlamentsredakteur der Tageszeitung *taz* und befasst sich dort vor allem mit der Konkurrenz von Union und Grünen – der SPD und der Linkspartei. Zuvor hat er als Redakteur bei der Wochenzeitung *Freitag* und dem Berliner *Tagesspiegel* gearbeitet. 2003 erschien seine Biografie über den damaligen Bundesinnenminister Otto Schily, 2016 seine Biografie des Grünen-Politikers Hans-Christian Ströbele.

Fotos Renate Künast und Dr. Günther Beckstein: © Christian Thiel
Foto Stefan Reinecke: © privat

Über die AutorInnen

Wege aus dem Kreativitätskoma

Günther Bachmann

Die Stunde der Politik
Ein Essay über Nachhaltigkeit, Utopien und Gestaltungsspielräume

oekom verlag, München
240 Seiten, Klappen-
broschur, 20 Euro
ISBN: 978-3-96238-236-0
Erscheinungstermin:
05.11.2020
Auch als E-Book erhältlich

»Wer nur Krise sieht, ist blind für Zukunft.«
Günther Bachmann

Nicht alles, was Politik macht, ist schlecht. Oft fehlt ihr Mut, noch öfter
entwerten wir ihre Erfolge. Aus nächster Nähe berichtet Günther Bachmann
aus dem Innenleben der Nachhaltigkeitspolitik und zeigt auf, was hinter
Erfolgen und Misserfolgen steht.

oekom.de   DIE GUTEN SEITEN DER ZUKUNFT   oekom

Ermunterung zur Einmischung

Erhard Eppler, Niko Paech

Was Sie da vorhaben, wäre ja eine Revolution ...
Ein Streitgespräch über Wachstum, Politik und eine Ethik des Genug

oekom verlag, München
208 Seiten, Hardcover,
14,95 Euro
ISBN: 978-3-86581-835-5
Erscheinungstermin:
03.11.2016
Auch als E-Book erhältlich

»Selten wurde klarer vorgeführt, wo die Grenzen sind zwischen dem vielleicht Wünschenswerten und dem aktuell Machbaren.«
Süddeutsche Zeitung

Erhard Eppler und Niko Paech sind langjährige Vorkämpfer einer ökologischen Wende und zentrale Vordenker ihrer jeweiligen Generation. In diesem Gesprächsband streiten sie leidenschaftlich über Wachstum, die Energiewende, genügsame Lebensstile und Wege aus den globalen Krisen.

oekom.de   DIE GUTEN SEITEN DER ZUKUNFT   oekom